für Opi 1988

Knaus

K

IDA EHRE

Gott hat einen größeren Kopf, mein Kind...

Geleitwort von Helmut Schmidt

Mit 16 Bildtafeln

ALBRECHT KNAUS

Abdruck des in der Wochenzeitschrift DIE ZEIT
am 4. 10. 1985 veröffentlichten Beitrags
von Helmut Schmidt zur Verleihung der Ehrenbürgerschaft
der Freien und Hansestadt Hamburg an Ida Ehre
mit freundlicher Genehmigung des Verfassers.

Schutzumschlag: Klaus Detjen
Photo auf der Vorderseite: Monika Janke,
auf der Rückseite: © du Vinage
Bildnachweise: du Vinage (4); lena (1); Virginia (1);
Peter Peitsch (1); Irm Kühn (2)
Satz: Utesch Satztechnik GmbH, Hamburg
Druck und Bindung:
Mohndruck Graphische Betriebe GmbH, Gütersloh
Printed in Germany · ISBN 3-8135-0709-2

Gewidmet meiner Mutter und meiner Tochter
in Dankbarkeit und Liebe

Inhalt

Geleitwort

Musiker, Schauspieler, Politiker: sie sind den Beifall zwar gewohnt, aber sie brauchen ihn auch. Ob Ida Ehre den Beifall braucht? Oh ja, gewiß; wie anders hätte sie sonst vierzig Jahre lang beharrlich Theater machen können! Und mit welcher Beharrlichkeit in der Neugierde, in der Unbefangenheit, im Optimismus, im Glauben an das Gute im Menschen! Beharrlichkeit im Willen, die Menschen zu bewegen, sie nachdenklich zu machen, sie zu erschüttern, sie zu trösten, sie lachen zu machen, sie zu unterhalten, sie in den Spiegel schauen zu lassen, ihnen das Leben zu zeigen, ihnen das schreckliche Leben zu zeigen, das gute Leben, die Süße und die Trauer des Lebens, die Komödie und die Tragödie, die Posse, das Drama – und die Lyrik des Lebens gleichermaßen. In einem Wort: Theater.

Ida Ehres Theater braucht die Zuschauer und ihren Beifall so wie jedes andere Theater auch. Aber ihr Theater war – und ist – etwas Besonderes, weil sie ein besonderer Mensch ist. Ein sehr großer Teil ihres Lebens war schon vorbei, als endlich der Druck und die Angst von ihr genommen wurden. Aber dann, im Laufe der Jahre 1945 und 1946, kam es zu einer Explosion ihrer aufgestauten Vitalität.

Die Leute vom Schauspielhaus spielten «Jedermann» in der Kirche am Rothenbaum, Ida Ehre spielte die Mutter. Aus den Gesprächen untereinander ergab sich die Anregung der Kollegen: Mach Du doch selbst

Theater! Ida Ehre ging zu dem Theateroffizier der britischen Militärregierung, John F. Olden. Er sprach kein gutes Englisch, Ida Ehres Englisch war sicher noch viel schlechter. Aber sie entdeckten schnell, daß sie beide eigentlich Wiener waren, beide von den Nazis verfolgt und am Leben bedroht. Der eine – ursprünglich Fritz Arzt geheißen – mit Glück aus der Haft entkommen und nach England emigriert, die andere mit viel Pech mit eben dem Schiff in Hamburg gelandet, das sie eigentlich in die Freiheit der Emigration hatte führen sollen. Olden half ihr auf vielfache Weise; Ida Ehre aber ergriff ihre Chance und wurde eine große Theater-Prinzipalin.

Das Theaterchen an der Hartungstraße hatte vor der Nazizeit den Anthroposophen gehört; die Machthaber hatten es ihnen weggenommen und den Juden gegeben, alsbald aber es auch ihnen wieder weggenommen; nach Kriegsende wurde dort zunächst Theater für britische Soldaten gespielt – nicht gerade vor vollem Haus. John Olden verschaffte ihr dieses Theater und außerdem die «Lizenz». Max Brauer ließ sich erweichen (wahrscheinlich ist Ida Ehre einer der ganz wenigen Menschen, die jemals diesen großen Renaissance-Patriarchen umstimmen konnten), und die Stadt kaufte den Anthroposophen das Haus ab; es gehört heute noch der städtischen Sprinkenhof AG.

John Olden war aber schließlich derjenige, der Ida Ehre den Zugang zu den zeitgenössischen Dramatikern des Auslandes verschaffte, von denen wir Deutschen damals kaum eine Ahnung hatten. Bei Inge Meysel, die später John Oldens Frau wurde und die damals am Thalia Theater spielte, ist heute noch eine Spur heiteren Neides darüber zu spüren, daß die Kammerspiele und nicht das Thalia Theater all die guten neuen Stücke bekamen.

Es ist aber wohl fraglich, ob das Thalia Theater jene Aufgabe hätte erkennen und lösen können, die Ida Ehre sich wie selbstverständlich stellte und die sie bewältigte. Beinahe als ob es selbstverständlich war, versammelte Frau Ehre erstklassige Schauspieler, Regisseure und Bühnenbildner in ihren «Hamburger Kammerspielen». Der Name stammte übrigens von Erich Ziegel, zusammen mit seiner Frau Mirjam Horwitz hatte er am Ende des Ersten Weltkrieges sein Theater am Besenbinderhof so genannt. Der Name also wurde hamburgischer Theatertradition entnommen; der Inhalt aber war neu – und er war großartig.

Es gab damals zwei Menschen in Hamburg, die ihren Zeitgenossen die Augen zu öffnen halfen, zwei Menschen, die darin über Hamburg hinausragten und die allen Deutschen jener ersten Nachkriegsjahre geistige Neu-Orientierung anboten. Ernst Rowohlt brachte uns mit seinen billigen, auf Zeitungspapier und im Zeitungsformat auf Rotationsmaschinen gedruckten Romanen die modernen Romanciers der Welt, von der wir seit 1933 abgeschnitten gewesen waren, Ida Ehre brachte uns Giraudoux, Anouilh, Sartre, T. S. Eliot, Tenessee Williams, Wilder, Max Frisch, Dürrenmatt, Wolfgang Borchert; aber eben auch Lessing, Schiller, Shaw, Werfel, Brecht; später dann, als die Kunst wieder nach Brot gehen mußte, auch Priestley, Graham Greene und viele andere.

Zunächst aber, «vor der Währung», als unsereiner vom Verkauf der eigenen Raucherkarte lebte, vom

Verkauf selbstgestrickter Pullover, von allerhand Gelegenheitsarbeiten, Nachhilfestunden, Ghost-Writing, von Hilfe in Steuersachen und dergleichen, damals, als man nur wenig Geld brauchte, um die zugeteilten Lebensmittel davon kaufen zu können, als man sich Holz und Kohlen im Wald und auf den Güterzügen zusammenklaute, damals waren die Kammerspiele für jedermann erschwinglich. Sie boten eine Kette von Offenbarungen, die wir ohne eigene fühlbare finanzielle Opfer erlebten. Niemand, der dabei war, wird die Uraufführung von Borcherts «Draußen vor der Tür» vergessen, niemand Ida Ehres Hekuba in den «Troerinnen» von Euripides/Werfel. Niemand wird Hilde Krahls Hausmädchen vergessen in Thornton Wilders «Wir sind noch einmal davongekommen»; sie kam zu Beginn im Kopftuch auf die Bühne, Scheuereimer und Schrubber in der Hand, mit den Worten «... es ist sechs Uhr! Es ist kalt. Es ist der kälteste Tag des Jahres, die Hunde kleben am Trottoir. Und der Herr ist immer noch nicht zu Haus ...» – eine unter Freunden seinerzeit häufig rezitierte Klage.

Außer Ida Ehre und Hilde Krahl erlebten wir Tilla Hohmann, Gisela Mattishent, Käthe Pontow, Annemarie Schradiek, Hannelore Schroth, Edda Seippel; wir sahen Erwin Geschonnek, Walter Giller, Hermann Lenschau, Erich Linder, Hans Mahnke, Eduard Marks, Hermann Schomberg, Hans Quest; Ulrich Erfurth, Wolfgang Liebeneiner, Richard Münch und Ida Ehre selbst führten Regie.

Und dazu auf der klitze-kleinen Bühne die großartig-einfachen Bühnenbilder, ohne Geld und ohne Material. Helmut Koniarski ließ die Troerinnen in sackleinenen Gewändern auftreten und machte damit aus der Not eine Tugend. Er war ein Bühnenbildner von hohen Graden; die Mittel, mit denen er große, den Stücken kongeniale Kulissen und Ausstattungen schuf, waren genau so bescheiden, wie er selbst es ist. Später – als Konny sich zum Malen und Zeichnen zurückgezogen hatte – kam Erich Grandeit als Bühnenbildner.

Ida Ehre hat mir einmal ein Bild geschenkt, als ich sie in ihrer kleinen Garderobe besuchte. Es hing dort an der Wand und interessierte mich sehr. Ein graues Städtchen im Hintergrund, Schnee auf den Dächern, ein grünlich-dunkler Himmel darüber, im Vordergrund aber eine Frau, hingestreckt auf dem unbestimmt-grün-fahlen Boden. Das Weinglas ist ihrer linken Hand entfallen; in der Rechten ein großer bunter Blumenstrauß, der fast ein Viertel des Bildes ausfüllt. Oder sind die Blumen ihr Traum? Ist sie eine Trinkerin im Delirium – oder ist sie tot? Das rätselhafte, surrealistische oder absurde Bild trägt die Signatur B. H.; die Initialen stehen für Dr. med. Bernhard Heyde, Ida Ehres Ehemann seit 1928. Der Mann, der durch die ganze Nazizeit zu ihr gehalten hatte, der später – nach der mißglückten Flucht nach Chile, nach der Rettung seiner Frau aus Fuhlsbüttel und nach Kriegsende – auf St. Pauli als Arzt gearbeitet hat. Er muß viel Phantasie gehabt haben, vielleicht war jenes Bild sein eigener Traum.

Bernhard Heyde hat in Hamburg nicht immer im Rampenlicht gestanden, im Theater blieb er immer hinter den Kulissen. Er muß für Frau Ida Ehre eine große Bedeutung gehabt haben – und hat sie wohl heute noch.

Hamburg hat diese Frau in den letzten zwanzig Jahren des öfteren gefeiert – sehr mit Recht. Dabei ist dann, etwa zu ihrem 60. Geburtstage, auch die Rede gewesen von dem «zu frühen Ende der Reichsmark-Zeit» und von der schwerwiegenden Zäsur, welche die Währungsreform für die zahlenden Zuschauer und damit für das Niveau der Kammerspiele ausgelöst habe. Aber dies letztere ist nicht einmal halb richtig. Gewiß, Frau Ehre hat danach auch Boulevardtheater gespielt. Aber ihr Privattheater hat eben trotz großer finanzieller Sorgen immer wieder Hervorragendes geleistet. Unvergessen ist ihre Rolle als Sarah Bernhardt oder als Gigis Großmutter, die mit großem Herzen für ihre Enkelin diese auf ein Leben nach dem Zuschnitt vorbereitet, das sie selbst, und ebenso ihre Schwester, als Halbweltdame erfolgreich geführt hatte. Dies war am Tage ihres 65. Bühnenjubiläums; es war die gleiche Schauspielerin, die Jahrzehnte vorher die Hekuba und die sieben Jahre vorher die Irre von Chaillot gegeben hatte.

Ida Ehre ist im Kern Schauspielerin, seit sie ihr erwachsenes Leben begonnen hatte; zwar auch Regisseurin, Theaterchefin, aber im Innersten eine Schauspielerin. Eine große Schauspielerin, neugierig auf neue Rollen und neue Stücke, bereit zu spielen, «solange die Leute kommen». Die Leute aber kommen immer noch zu ihr – und noch lange!

Vor einem Jahr gab es «Einmal Moskau und zurück» von Alexander Galin. Werner Hinz und um ihn herum drei Frauen: Ehmi Bessel, Annemarie Schradiek und – natürlich – Ida Ehre, drei nicht mehr ganz junge Damen. «Es war ein Triumph auf der ganzen Linie für die ewig jungen Alten», so schrieb am nächsten Tag das *Hamburger Abendblatt*.

So ist sie, diese Fünfundachtzigjährige. Sie wird immer wieder anfangen, immer wieder Neues anfangen. Immer wird sie dabei ihre kritische Haltung hinter freundlicher Lebensklugheit verbergen; Intelligenz und Gefühl, Phantasie und fleißige Disziplin werden in ihr miteinander in Einklang sein, immer wird sie Wichtiges und Unwichtiges voneinander zu unterscheiden wissen. Und doch wird der Mensch Ida Ehre immer hindurchleuchten.

Nach ihrem «liebsten Romanhelden» befragt, hat Ida Ehre vor einigen Jahren dem *FAZ-Magazin* geantwortet «Ich mag keine Helden». Aber auf die spätere Frage nach ihren «Helden in der Wirklichkeit» hat sie dann Anwar el Sadat genannt. Ich habe sie geliebt für diese Antwort. Ich liebe sie immer noch – aus hundert Gründen, nicht bloß wegen dieser einen Antwort. Wir haben dieser jüdischen Mitbürgerin für vieles zu danken. Wer aber sie nur ein wenig kennt, der muß sie lieben!

Helmut Schmidt

Vorbemerkung

Wenn ein Mensch ohne Tagebuch, ohne Aufzeichnungen, ohne Archiv und ohne wohlgestaltete äußere Ordnung 85 Jahre alt geworden ist und dann sein Leben erzählen soll, wird es keine vollständige Chronologie, sondern es werden Streiflichter. Vieles ist der Erinnerung entfallen, manches ist zum Glück in Vergessenheit geraten. Nicht alle, die mir wichtig waren und sind, finden sich hier wieder, aber sie sind mir deshalb nicht weniger wert. Sie mögen es mir vergeben. Ich bin keine Schriftstellerin und keine Buchautorin, ich bin ganz einfach eine Schauspielerin, die dem Leser – abends im Sessel sitzend – ihr Leben erzählt. Der Inhalt stimmt, die Jahreszahlen vielleicht nicht immer.

Dieses Buch ist keine Theatergeschichte und kein Almanach der Bühnengrößen. Vielleicht ist es einem naiven Bild zu vergleichen, auf dem es manches zu entdecken gibt.

Was ich erzähle ist mein Leben. Und jedes Leben hat ernste und heitere Seiten.

Bei der Arbeit an diesen Aufzeichnungen über Stationen meines Lebens – immer wieder einmal zwischen Proben, Premieren und Jubelfeiern – hat mich Inge Volk geduldig und einfühlsam unterstützt. Dafür möchte ich ihr auch an dieser Stelle sehr herzlich danken.

Hamburg, Oktober 1985 *Ida Ehre*

Heyde, Sie sind frei

«Heyde, Sie sind frei!»

«Wissen Sie das bestimmt? Oder sagen Sie das nur, um mich auf einen noch größeren Schrecken vorzubereiten?»

«Nein, Sie sind frei.» Was ist das Wort ‹Freiheit›, was bedeutet es. In diesem Moment, im Jahre 1943, konnte ich den Sinn in seinem ganzen Ausmaß nicht begreifen, Freiheit. Ich werde hinausgehen können, die Tür hinter mir zumachen, ins Freie treten können. «Heyde, Sie sind frei» – der Satz hatte zunächst wirklich nichts Befreiendes, weil er wie unwirklich im Raum stand.

Ich wurde freigelassen aus Fuhlsbüttel, einer Haftanstalt in Hamburg, die die Nationalsozialisten mit Menschen füllten, die sie willkürlich auf der Straße festnahmen. Bei mir nannten sie es ‹Schutzhaft› – Schutz vor wem und für wen? Ich war in den Saal gekommen, ungefähr 40 junge Frauen waren dort. Nicht nur Jüdinnen, auch Holländerinnen, Russinnen, junge Frauen, die die Herrschenden nur ganz einfach störten in ihrem Da-sein. Ich war dort insgesamt ‹nur› 6–7 Wochen, lächerlich kurz gegen die Leiden, die andere in den KZs durchmachen mußten, aber dennoch waren diese kurzen Wochen für mich lebenslang. Frei – das bin ich durch das Geschehen damals noch nicht einmal heute. Ich glaube, nur wer dieses alles erlebt hat, kann die Ängste, kann die Gefühle nachempfinden, die noch heute nachklingen. Es wäre falsch zu sagen, daß es mich bis in die Träume verfolgt, nein, im Gegenteil, das Gewesene verfolgt mich gerade, wenn ich wach bin.

Wenn ich einen älteren, verkrüppelten Menschen heute auf der Straße sehe, kommt unwillkürlich bei mir die Frage: Warst Du im KZ? Hat man Dich dort so zugerichtet? Die Gedanken an das Grauen sind nicht weniger geworden, sie sind mit mir gewachsen, sie sind unauslöschlicher Teil von mir. Dabei habe ich in den letzten vierzig Jahren so unendlich viel Schönes, Beglückendes erlebt, für das ich dankbar bin. Aber diese Zeit damals sitzt so fest, daß kein Thermalbad, kein Meerwasserschwimmen, keine Ozonluft sie austreiben kann. Es war eine Zeit, die keinem jungen Menschen von heute nachvollziehbar erscheint, die aber immer und immer wieder den nachfolgenden Generationen vor Augen geführt werden muß, um eine Wiederholung zu verhindern.

Doch noch etwas anderes habe ich aus dieser Zeit, der ganzen zwölfjährigen Schreckensherrschaft, mitgenommen. Schwarz und weiß, diese scharfkantigen Farben, die nichts miteinander gemein haben, stehen so oft so dicht beieinander.

«Heyde, Sie sind frei.» Ich ging mit der Kalfaktorin, der Aufseherin, durch das ganze Zuchthaus, hinunter ins Aufnahmezimmer, wo die Formalitäten zu erledigen waren. Und natürlich heulte ich. Mein Gott, frei! Auch wenn ich das Ganze noch nicht begriffen hatte, so waren diese vier Worte doch eine Verheißung. Wir kamen in den Raum, wo man in einem dicken Buch unterschreiben mußte, daß man freigelassen war. Dort stand er, der ‹lange Paul›, der die Oberherrschaft hier hatte.

«Was heulen Sie denn so?» fragte er.

«Wahrscheinlich, weil ich frei bin.»

«Woher wollen Sie das wissen? Sie unterschreiben da gleich etwas und können noch nicht einmal lesen, was Sie unterschreiben. Sind Sie so sicher, daß wir Sie freilassen? Es ist genauso wahrscheinlich, daß Sie Ihren Transport nach Auschwitz unterschreiben.» Sensibilität, gar Freude für meine Situation hatte ich nicht erwartet, aber diese Menschen hatten eine teuflische Freude daran, Angst zu erzeugen, Unsicherheit zu verbreiten. Ich unterschrieb, wir gingen hinaus, und die Kalfaktorin sagte: «Nein, Sie haben wirklich unterschrieben, daß Sie herauskommen.» In mir waren nur ungeordnete Gedanken, nicht spürbare Empfindungen. Ich habe diese Frau umarmt, sie hat mich umarmt und gesagt: «Wie freue ich mich für Sie.» Schwarz und weiß – was ging in so einer Frau vor bei diesem Satz. Zweifel an sich? Zweifel an ihrem System, dem sie diente?

Noch ein kurzes Erlebnis hatte ich mit ihr, das ich nicht zuordnen konnte. Ich war vielleicht zehn Tage eingesperrt, da kam die Kalfaktorin und sagte: «Heyde, Sie haben Besuch.» Ich konnte es mir gar nicht vorstellen – Besuch! Keiner hatte Besuch. «Ihr Mann ist da, kommen Sie mit hinunter.» Mein Mann stand im Besucherzimmer, er hat schlecht ausgesehen. Wir bekamen Anweisung, nur geschäftliche Dinge zu besprechen, also wo welcher Schlüssel ist, wo welche Papiere liegen und ähnliches. Sie hat sich zwischen uns gesetzt. Als alles so besprochen war, wollte ich gern wissen, wie es der Ruth geht. «Dürfte ich meinen Mann fragen, was mit unserem Kind ist?» Da sieht sie mich an und sagt: «Ja, ja, das können Sie natürlich.» Und ist aufgestanden und zum Fenster gegangen. Wir haben geredet, sie drehte sich wieder zu uns herum, mein Mann umarmte mich und sagte: «Du kommst frei, verlaß dich drauf, du kommst frei.» Sie hörte das, die Besuchszeit war beendet. Ich ging mit ihr hinauf, und da sagte sie plötzlich: «Hören Sie, Heyde, ob das wahr ist, was Ihr Mann gesagt hat, weiß ich nicht, aber wenn es wahr ist und wenn es mitten in der Nacht ist – ich wecke Sie auf, um Ihnen das zu sagen.» Es ist mir ein Rätsel, was für Dinge es gibt, was Menschen sind, wie Menschen sind.

Wir gingen hinauf, zurück in den Saal. Was sollte ich den Frauen sagen? Ihnen allen, die ihren Verhaftungsbefehl schon in der Tasche hatten, diesen kardinalsroten Zettel, der ihr Schicksal besiegelte. In den letzten Wochen war dieser Saal mein ‹Zuhause› geworden, waren diese Frauen meine Leidensgefährtinnen, fand hier mein Leben statt. Es war unmöglich, die eigene Freude angesichts ihrer Not, ihrer greifbaren Angst auszudrücken. Ich ging hinauf und überlegte nur eines: Wie soll ich es ihnen sagen, daß ich Glück hatte, daß der Kelch für dieses Mal an mir vorübergegangen war.

In mir war alles zwiespältig. Ich hatte, wie so oft in meinem Leben danach, das Gefühl, als sei ich das gar nicht, als stünde mein eigener Schatten neben mir, als befinde ich mich woanders. Es ist, wie wenn man in einen Spiegel schaut und sich nicht findet. Die eigene Freude – der anderen unsagbares Leid. Es stand so dicht beieinander.

Wir machten die Tür auf, und alle sahen mich an. Mein Gott, was sollte ich ihnen sagen?

‹Nun sagen Sie schon, was ist geschehen?»

«Warum hat man Sie hinuntergerufen?»

«Geht ein separater Transport?» Ich stand nur da, unfähig zu sprechen, unfähig, sie auch nur anzusehen.

«Vielleicht ist sie frei!» Diese Stimme werde ich nie vergessen. Ich sah die Frau an, und da sagte sie: «Seht ihr, sie ist wirklich frei!» Diese Frau, die das sagte, hatte sich einmal die Pulsadern aufgeschnitten, sie wollte nicht weiterleben. Ich habe sie ihr abgebunden, ihr Selbstmordversuch mißlang auf diese Weise.

Auch diese ‹Tat› verfolgt mich mein Leben lang, dieser Rettungsversuch. Denn sie kam ins KZ, hat die Greuel erlebt und den Feuerofen. Der Tod, von dem ich sie abgehalten habe, wäre vermutlich besser für sie gewesen. Sie also sagte den befreienden Satz. Und ich kann kaum schildern, welcher Jubel daraufhin ausbrach. Eine solch unbändige Freude war in den Frauen – als ob sie selbst frei wären. Sie packten mich, feierten mich, wußten nicht, was sie alles mit mir anstellen sollten. Und jede von ihnen brachte mir ein Andenken, ein kleines Geschenk, durch das ihre karge persönliche Habe noch dürftiger wurde. Zwei der Präsente habe ich noch heute. Eines begleitet mich überall hin, auf jede Reise. Ich bekam es von einer Russin, die von einem deutschen Soldaten geschwängert worden war. Sie hatte in einer Munitionsfabrik gearbeitet, sollte in Fuhlsbüttel nur noch das Kind bekommen und dann nach Auschwitz transportiert werden. Sie schenkte mir einen Becher, der aus einem Schrappnell geformt war: «Da, trinken Sie oft daraus.» Das habe ich getan, und das Andenken ist mir ungeheuer viel wert.

«Wann kommen Sie weg?» Ich wußte, es würde am

nächsten Morgen sein, um sechs Uhr, wenn die anderen in den Keller mußten, Kartoffeln schälen wie jeden Tag.

Ich war auch die Wochen hindurch allmorgendlich hinuntergegangen, obwohl mir am Anfang, am ersten Tag, die Kalfaktorin eine Sonderstellung geben wollte. Ich trug noch mein Kostüm, hatte noch keine Anstaltskleidung bekommen, die sie alle trugen.

«Ich kann Ihnen hier oben Arbeit geben, Sie müssen nicht mit den anderen gehen», hatte sie gesagt. Aber ich wollte das nicht, sondern mein Schicksal teilen mit den Frauen, nicht bevorzugt werden. Mir ist auch bis heute nicht klar, warum ich Privilegien haben sollte. Am zweiten Tag bat ich, wenigstens eine Schürze zu bekommen, mir war mein normales Kostüm peinlich. Von da an war ich eine von ihnen.

Am Tag meiner Entlassung wußte ich, daß ich morgens mit ihnen aufstehen würde, aber sie müßten in den Keller, ich würde wegfahren. Und als sei es ihnen auch im gleichen Moment klargeworden, sagten sie: «Heut könnt ihr alle schnarchen, heut könnt ihr alles machen, sie wird's nicht stören.» Es stimmte, ich hatte mich nie an das Schnarchen gewöhnen können, hatte sie nachts geweckt und sie gebeten, sich doch anders hinzulegen. Es mag manchem heute merkwürdig, ja pedantisch erscheinen, daß ich so reagierte in dieser Situation, aber mich hat das ‹geregelte Leben›, das Leben, das so normal wie irgend möglich geführt wird, immer gesund erhalten. Für mich kam es nie in Frage, mich fallenzulassen, mich aufzugeben. Die Befolgung von Formen, von Abläufen, gibt Halt. Als ich zum Beispiel in Fuhlsbüttel ankam, am ersten Tag, merkte ich, daß niemand sich dort wusch. Sie hatten sich aufgegeben. Ich war es gewohnt, mich morgens und abends abzuseifen. Also zog ich mich aus und begann, mich zu waschen. Vierzig Augenpaare ruhten auf mir, erstaunt, gelangweilt, bisweilen spöttisch. Und ich hörte, wie sie sagten:

«Das gewöhnt sie sich auch noch ab. Das macht sie nicht lange.»

«Das ist nur zuerst so.» Ich ließ mich nicht beirren. Nach fünf Tagen begann die erste von ihnen, sich auch zu waschen, dann die zweite, die dritte – bis schließlich fast alle sich wuschen. Das war ein Erfolgserlebnis, wie ich es nie wieder hatte. Es ging nicht um die Reinlichkeit, es ging mir und dann auch den anderen Frauen um den Mut zum Überleben, um den Glauben an eine Zukunft. Und auch wenn sie alle diese Zukunft nicht erleben durften, die Wochen, in denen sie daran glaubten, waren leichter für sie zu überstehen.

Am Morgen meiner Freilassung brauchte ich mein Bett nicht selbst zu machen. Auch das: eine Kleinigkeit, aber eine Tätigkeit, die mich seit dieser Zeit noch immer, noch heute peinigt. Wenn das Bettuch nicht genau gerade war, machte die Kalfaktorin einen furchtbaren Krach, manche Gefangenen erhielten Dunkelarrest. Diese Angst, das Tuch könnte schief sitzen, machte es vielen von ihnen unmöglich, es gerade hinzulegen.

An diesem Morgen gingen sie hinunter in den Keller, ich fuhr mit dem Polizeiauto zur Gestapo in die Rothenbaumchaussee. Dort hat man mich abgesetzt, ich saß dann von morgens sechs Uhr dreißig bis abends neunzehn Uhr dort in einem Vorraum zum Vernehmungszimmer. Kein Mensch kümmerte sich um mich. Ich wußte nicht, soll ich warten, kann ich gehen? Die Angst, irgend etwas falsch zu machen, die gerade neu gewonnene ‹Freiheit› wieder zu gefährden, war groß. Als die Herren abgelöst wurden, kam einer zu mir und hat gefragt:

«Was machen Sie hier?»

«Ich sitze seit zwölf Stunden hier.»

«Warum?»

«Man hat mich aus Fuhlsbüttel hierher gebracht, und eigentlich bin ich frei.»

«Ja, warum gehen Sie dann nicht?»

«Es hat mir keiner gesagt, daß ich gehen kann.»

«Gehen Sie, aber schnell. Haben Sie Fahrgeld?» Und ich setzte mich in die Straßenbahn und fuhr nach Hause.

Gefühl von Freiheit? Ich kann verstehen, daß sich die Gestapogefangenen zugepfiffen haben «Die Gedanken sind frei», denn das ist ja effektiv das Einzige, das frei ist in einem selbst. Aber es machen eben nicht nur die Gedanken den Menschen aus, es gehört doch viel mehr dazu – Verstand, Herz, Emotionen. Wir sind zusammengesetzt aus unendlich viel Gefühlen, die sich alle nicht so einfach unterdrücken lassen. Frei! Ich sage mir immer wieder, auch heute noch, mein Gott, du bist doch ein freier Mensch, warum spürst du das nicht hundertprozentig? Manchmal spüre ich es, wenn ich ganz allein mit mir bin, aber kaum bin ich außerhalb meiner selbst, habe ich ein gewisses Gefühl der Unfreiheit. Das wird sich auch nicht mehr ändern, weil ich meine Erlebnisse nicht abschütteln kann von mir, ich kann sie nicht wegräumen, nicht aus mir herausräumen. Nicht weil sie mich belasten, das wäre falsch, richtiger wäre es zu sagen, es belastet mich so unendlich vieles. Das Grauen sitzt mir in der Kehle, wenn ich daran denke, daß es all das gegeben hat, daß das im Menschen drinsitzt. Eigentlich müßte ich doch heute darüber lachen können, über den Grund meiner Inhaftierung. Ich müßte so frei sein, alles lächerlich finden zu können. Aber mich entsetzt dieser Kadavergehorsam, ich komme davon nicht los. Wenn ich heute mit jemandem rede, der sich irgendwie festgenagelt hat, frage ich mich oft: Was ist, bist du auch so unfrei, so unterworfen? Kannst du nicht selbst denken? Dadurch ist doch alles geschehen, daß die Menschen nicht aufgestanden sind und gesagt haben «Sagt nein!».

Ich bin in den letzten Jahren häufig gefragt worden, warum ich mich in der Friedensbewegung engagiere, ich ließe mich da ‹vor einen Karren spannen›. So ein Unsinn! Vor den Karren spannen lasse ich mich nur als «Mutter Courage», allerdings nicht, weil ich von dem überzeugt bin, was sie tut, sondern weil man sich vor einen Karren werfen muß, den man mit Überzeugung zieht. Den Karren der Freiheit ziehe ich in der Tat mit Überzeugung. Frieden geht ja auch mir selbst über alles, er gibt Kraft und Ausdauer. Ich meine, daß wir, die wir schon einiges hinter uns haben, den jungen Menschen immer wieder dieses Gefühl klarmachen, verständlich machen müssen. Ich rede gern mit jungen Leuten darüber, und ich glaube, daß sie mir glauben, weil ich eine sogenannte weiße Weste habe. Natürlich sind viele mißtrauisch, wenn ihnen ältere Menschen entgegentreten, von denen sie nicht wissen, was die damals gemacht haben. Sie sollen fragen, immer wieder fragen, sie haben ein Anrecht auf unsere Antwort, auf die Wahrheit.

Eines meiner liebsten Stücke ist die «Antigone» von Anouilh, weil diese Antigone auf den Grund der Wahrheit geht. Das ist ein so herrliches Wort! Ich finde, der junge Mensch muß es wissen, man muß ihm die Wahrheit sagen und darf nicht Schindluder mit ihm treiben, wie man es mit den Deutschen Jahre und Jahre getrieben hat, und sie es mit sich treiben ließen. Kadavergehorsam. Sei dagegen! Wenn du es auch manchmal falsch machst, aber sei dagegen! Rede und verschließ dich nicht. Man hat mir vorgeworfen, ich wolle mit den Kommunisten mitmachen, als ich 1983 im St.-Pauli-Stadion zweimal vor jeweils 25 000 Menschen Wolfgang Borcherts «Sag nein!» gelesen habe. Ich habe nur gelacht und gesagt: «Sie scheinen den Begriff Frieden nicht zu kennen. Sie wissen nicht, daß jeder halbwegs vernünftige Mensch dieses Gefühl in sich haben muß – oder müßte. Finden Sie, das Massengräber etwas Wunderbares sind? Was hat das mit Kommunismus zu tun? Alle Völker, Chinesen und Italiener, Franzosen, Amerikaner, egal, wer immer es sein mag, sollten sich die Hände reichen. Man kann doch nur aufbauen im Frieden, im Krieg zerstört man. Muß man denn die Welt immer erst niederreißen, um aufbauen zu können?»

Jeder, der diese Zeit damals miterlebt hat, muß doch eigentlich so denken. Aber es ist nun einmal so: Bei manch einem muß erst das eigene Haus abbrennen, ehe er zur Besinnung kommt.

Ich bin froh, jungen Menschen etwas von all diesen

Erfahrungen vermitteln zu können, aber was würde ich drum geben, wenn ich jünger wäre und noch mehr tun könnte. Die beglückendste Erscheinung ist für mich Mutter Teresa. Sie ist etwas Ungeheuerliches. Ich würde mitgehen mit ihr, durch dick und dünn, würde barfuß durch alle Moore, alle Sande und Dornen gehen, wenn ich damit Menschen helfen könnte. Wir haben Frieden, wir hier in unserem kleinen Land. Aber es gibt so unendlich viel Hunger und Jammer auf der Welt. Ich weiß nicht, ob man es mir glaubt, aber immer, wenn ich zu üppigen Buffets eingeladen bin, habe ich ein schlechtes Gewissen. Wenn die Menschen dort dann erzählen von ihren Reisen weiß der Teufel wohin und wieviel tausend Mark das gekostet hat – fühle ich mich ganz klein. Die Menschen sind satt, sie haben vergessen, sie haben verlernt. Man müßte ihnen zurufen ‹Habt ein besseres Gedächtnis›, so lange ist das alles noch nicht her, und es gibt noch so unendlichen Jammer, so unendliches Leid. Ich möchte in meinen Gesprächen mit den Jungen Bewußtsein schaffen, das eigene Denken herausfordern.

Meine Inhaftierung im Juli 1943 ist ein typisches Beispiel für die damaligen Verhältnisse. Es war die Zeit der schrecklichsten Angriffe auf Hamburg. Wir hatten in diesen Tagen weder Wasser, noch Licht, noch Gas, man konnte nichts kochen. Die Tage waren zur Nacht geworden, es regnete Ruß vom Himmel, die Sonne hatte keine Chance, die Rußwolken zu durchdringen – ein Inferno, wie man es sich nicht vorstellen kann. Aus der Alster wurden halb verbrannte Menschen gezogen. Sie waren hineingesprungen in der Hoffnung, sich vor den Flammen retten zu können. Die Menschen liefen erstickend durch die Straßen, durch die Brände war der Sauerstoff der Luft aufgebraucht worden. Wir wohnten in der Adolphstraße, Ecke Karlstraße, also gleich neben der Außenalster, und wir konnten sehen, wie die Menschen Rettung im Wasser suchten. Ich habe meine Tochter immer schnell weggezogen, damit sie das Schreckliche nicht auch noch sieht. Die Bombennächte waren schon schlimm genug für sie, für uns alle. Immer, wenn wir in den Luftschutzkeller mußten und meine Tochter furchtbare Angst hatte, habe ich gesagt:

«Du brauchst Dich nicht zu fürchten, eine Bombe fällt entweder auf unser Haus, dann ist alles vorbei, oder aber nebenan, dann sind andere arme Menschen dran.» Ich weiß nicht, woher man den Mut in solch einer Situation nimmt, aber ich war sehr tapfer damals, auch wenn es mir heute merkwürdig erscheint. Eines Nachts zum Beispiel habe ich gesehen, wie eine kleine Stabbombe die Vorhänge im Schlafzimmer unserer Wirtsleute zum Brennen gebracht hat. Ich habe immer im Haus nachgeschaut, wenn Entwarnung war. Der Brand konnte schnell gelöscht werden, wir hatten Glück.

In diesen Tagen also hatte ‹unser Führer› beschlossen, daß Tankwagen, vielmehr so eine Art Marketenderwagen, durch die Straßen fuhren, die kalte Lebensmittel ausgeben konnten. Der Ausgabeplatz war auf Schulhöfen. Und an einem dieser Tage, es war ein Samstag, mein Mann hatte keine Praxis, sind wir hingegangen, um Lebensmittel zu holen. Im Hof stand eine Riesenschlange von Menschen. Ich stellte mich an, mein Mann stand am Tor draußen und wartete dort. Als wir da so standen, kam die ‹Wochenschau›. Und der

Kameramann ging die lange Schlange der Menschen entlang, sah sich die Leute an, kam zurück, ging wieder entlang und blieb vor mir stehen. «Gnädige Frau, hätten Sie die Liebenswürdigkeit, vor die Kamera zu kommen, wenn Sie das Essen empfangen? Sie brauchen nur zu zeigen, was Sie bekommen haben, hineinlächeln und sonst gar nichts.» Ich dachte mir: Mein Gott, was ist das für ein gesundes Volksempfinden, daß der Mann ausgerechnet vor mir stehenbleibt. Es sind so viele blonde Frauen da mit blauen Augen.

Vor mir bleibt er stehen, von mir will er haben, daß ich in die Kamera hineinschaue und lächle. Was für eine entsetzliche Absurdität ist das! Ich wußte nicht, was ich dem Mann antworten sollte. Hätte ich ‹nein› gesagt, direkt und spontan ‹nein›, wäre es möglich gewesen, daß eine der wartenden Frauen gesagt hätte: «Die verweigert einem deutschen Mann einen Wunsch.» Hätte ich ‹ja› gesagt, hätte man womöglich unterstellt, ich hielte das deutsche Volk zum Narren. So habe ich ihn nur angelacht und habe gar nichts gesagt, habe nur gedacht: «Der vergißt das, er wird eine andere finden.» Als ich dran kam, habe ich Brot, Wurst, Käse bekommen, habe das eingepackt und bin quer über den Hof gegangen und wollte hinaus zu meinem Mann. Da kam der Kameramann auf mich zu und sagte: «Sie haben doch versprochen, vor die Kamera zu kommen und hineinzulächeln.» Ich war vollkommen benommen. Ich konnte doch nicht sagen: «Ich habe gar nichts versprochen.» Ich wußte überhaupt nicht, was ich tun sollte. Es war eine Zeit der absoluten Unsicherheit. Er merkte mein Zögern, nahm mich bei der Hand und sagte: «Nun kommen Sie doch.» Er führte mich vor die

Kamera. «Das ist schön so, wenn Sie hier stehen, das ist wunderbar. Bitte zeigen Sie das Essen. Machen Sie gar nichts. Gucken Sie auf das Essen und dann in die Kamera hinein, lächelnd.» Ich habe es getan, aber ich schwöre, ich habe gezittert wie Espenlaub. Der Mann hat sich immer wieder bedankt, ich bin hinausgegangen vor das Tor. Mein Mann und ich haben furchtbar gelacht, und uns gefragt, wie so etwas wohl möglich ist, daß der ausgerechnet zu mir gekommen ist.

Wir sind nach Haus gegangen, der Tag verging und der Sonntag auch. Und Montag, so gegen neun Uhr, meine Tochter hatte gerade den Flur aufgewaschen, klopft es. Zwei große Männer stehen draußen und sagen «Gestapo».

«Ja, was ist?»

«Kommen Sie mit, Sie haben das deutsche Volk zum Besten gehalten.»

«Was, wieso denn?»

«Sie sind angezeigt worden. Sie standen vor der Kamera und haben hineingeschaut und haben damit das deutsche Volk zum Besten gehalten. Sie wissen doch ganz genau, daß Sie das nicht hätten tun dürfen, Sie hätten sagen müssen, wer Sie sind.»

«Ja, ich muß Ihnen gestehen, ich dachte mir eigentlich, daß der Mann mir das hätte ansehen müssen, wer ich bin. Ich habe mir gar nichts dabei gedacht.»

«Packen Sie einen kleinen Koffer und kommen Sie mit.» Da wurde ich ganz ruhig, absolut ruhig, so sehr ich auch gezittert habe. Ich habe mir ein Kostüm angezogen, etwas Nacht- und Waschzeug eingepackt und gesagt: «Gut, ich komme.» Meine Tochter fragte, wohin ich denn gehe, und ich antwortete:

«Ach Kind, ich komme gleich wieder.»

«Kommst du bestimmt zurück?»

«Ja, verlaß dich drauf, ich komme zurück.» Und ich war schon die Treppe unten, da ruft meine Tochter: «Mutti, auf Wiedersehen!»

«Auf Wiedersehen, mein Kind.» Wir gingen aus dem Haus, ich mit dem kleinen Köfferchen in der Hand. Als ich nach Wochen zurückkam in die Adolphstraße, in unsere Wohnung, habe ich als erstes meine Tochter gehört, wie sie im Zimmer nebenan vor sich hingeträllert hat. Und mein Bild war auf dem Tisch, und um das Bild hatte sie so kleine Blumen gelegt. Sie konnte nicht wissen, daß ich komme, sie hatte das all die Tage und Wochen so aufgebaut. Ich habe gerufen «Sonnele!» Sie hat mich natürlich sofort an der Stimme erkannt. Sie ist herausgekommen mit einem Schrei «Mutti!» Diesen Schrei gibt es nicht noch einmal, den kann kein Schauspieler nachmachen. Eigentlich hätte man da zusammenbrechen müssen, so ungeheuerlich war das. Das also war mein Willkommen in der Freiheit, 1943, als noch überall Unfreiheit herrschte.

Nachher habe ich erfahren, warum ich überhaupt freigelassen wurde. Mein Mann war am Ammersee zur Schule gegangen, eine Klasse über ihm war der Schüler Heinrich Himmler. Als ich inhaftiert war, hat er einen Brief an Himmler geschrieben und ihm die Situation geschildert. Vielleicht konnte Himmler sich an Bernhard Heyde erinnern, vielleicht war es schlichte Sentimentalität, von der auch solche Menschen nicht frei sind – jedenfalls hat dieser Brief meine Freilassung bewirkt. Der Satz «Heyde, Sie sind frei!» war meine zweite, meine bewußte Geburt.

Mein Mutterhaus

Geboren bin ich am 9. Juli 1900 in Prerau, Mähren, das zum damaligen Kaiserreich Österreich gehörte. Die Uhrzeit weiß ich leider nicht, was schon viele Astrologen, die mir mein Horoskop stellen wollten, zutiefst bedauert haben. Ich nicht, weil ich nicht daran glaube. Mein Vater war Oberkantor, obgleich er viel lieber Sänger geworden wäre. So kam ihm seine gute Stimme in der Synagoge zugute. Er starb – erst achtunddreißigjährig –, und wir wuchsen in einem ‹Mutterhaus› auf. Meine Mutter war zweiunddreißig, hatte durch den frühen Tod meines Vaters noch kein Anrecht auf Pension und mußte uns allein durchbringen. Damals gab es ja weder irgendeine Sozialversicherung noch Kindergeld. Die Frauen mußten also sehen, wie sie die Familie ernähren konnten. Eine Wiederheirat kam für meine Mutter nie in Frage, sie wollte uns keinen zweiten Vater geben; obwohl es an Angeboten keineswegs mangelte.

Wir zogen nach Wien. Meine Mutter nähte Hemden, Schürzen, Häubchen und verkaufte ihre Arbeiten bei den Beamtenfrauen. Sie war sehr beliebt, und so wurde sie ihre Sachen auch recht gut los. Abends kam sie dann häufig nach Haus, unter ihrem weiten ‹Jubiläumsmantel› – wir nannten ihn so, weil sie nur diesen einen Wettermantel besaß – trug sie einen großen Laib Brot, ein Stück Butter. Wir saßen um den runden Tisch, und es fehlte uns an nichts.

Mit mir zusammen waren wir sechs Geschwister. Da

wir im Alter sehr verschieden waren, hatten wir natürlich auch unterschiedliche Interessen. Mein Bruder Paul war eineinhalb Jahre jünger als ich, er war mein eigentlicher und wahrhaftiger Freund. Mein Bruder Fritz dagegen war schon etwas ganz anderes, er war zwölf Jahre älter als ich. Der hat beinahe die Vaterstelle vertreten an uns. Und wenn mein Bruder Paul und ich im Bett lagen, wir hatten nur vier davon in unserer Wohnung, immer je zwei Kinder in einem, haben wir oft schrecklich gelacht miteinander. Warum weiß ich nicht, aber wir haben uns gekugelt, und mein Bruder Fritz saß am Tisch, hat sich die Ohren zugehalten, weil er lesen wollte. Durch unser Lachen wurde er immer wieder aufgeschreckt: «Verdammt nochmal, jetzt hört endlich auf!» Dann haben wir überhaupt nicht aufhören können.

Also, Paul und ich waren sehr verbandelt miteinander. Jetzt muß ich an dieser Stelle auf meinen Großvater kommen, der bei uns lebte. Er war für mich schon immer ein alter Mann, mit einem schneeweißen Bart, herrlich blauen Augen und vollem, weißem Haar. Er war sicher schon an die siebzig Jahre alt. Jeden Sonntag haben wir versucht, ihn zu überreden, mit uns in den Prater zu gehen. Natürlich nur im Sommer. Er hatte sich mittags hingelegt, seine Hosen wie immer über die Stuhllehne gehängt. Paul und ich sind leise zu ihm in sein Zimmer gegangen und haben angefangen zu singen, ganz zart «Mein Mutterl war a Wienerin» und so etwas. Großvater wachte auf, schaute uns mit großen Augen an und sagte: «Habt ihr mich schon wieder geweckt!» Da hatten wir unser erstes Ziel erreicht. Wir nahmen die Hose vom Stuhl, um sie ihm zu reichen, aber wir haben sie ihm immer verkehrt hingehalten, so daß das Kleingeld aus den Taschen gefallen ist. Wir haben es aufgehoben, und Großvater wußte ganz genau, daß wir jeder zehn Kreuzer in der Hand behalten würden.

«Ich weiß schon, ich weiß schon», sagte er. Er schlüpfte in seine Hose, und wir gingen los, die Praterstraße hinunter. Es war herrlich. An einer Ecke am Praterstern war eine dicke Frau mit einem Stand, auf dem war ein Glaskasten mit Glasdeckel drauf. Und drinnen waren die schönsten Köstlichkeiten! Kleine Küchel aus Marzipan, ganz dünne Blätter, die waren schwarz und gelb und weiß und rot. Brustzucker hat das geheißen. Auch so Sachen aus Kokosnuß. Ich weiß nicht mehr, was es alles gab, lauter gefärbtes Zeug, aber wir fanden es königlich. Paul und ich haben immer unterschiedliche Sachen gekauft und zu Hause dann ‹kochen› gespielt. Dazu haben wir uns gegenseitig eingeladen.

Meine Mutter hatte eine sehr, sehr liebe Freundin, Frau von Frohreich hat sie geheißen. Das war eine Beamtenwitwe, und sie hatte eine Tochter, das Polderl, die war Ballett-Tänzerin der Staatsoper. Die Frau von Frohreich kam häufig meine Mutter besuchen, was für uns immer etwas sehr Vornehmes hatte. Wenn wir nun also gespielt haben miteinander, war ich die Frau von Frohreich und habe bei meinem Bruder angeklopft am Tisch, und mein Bruder hat gesagt: «Wer ist denn da?» «Sie haben mich für heute zum Kaffee eingeladen, Herr Ehre, könnte ich jetzt vielleicht hineinkommen?» «Ich habe im Moment keine Zeit, ich bin noch nicht fertig.» Da habe ich sehr beleidigt getan und gesagt:

«Wieso, ich bin die Frau von Frohreich, und Sie lassen mich nicht hinein. Gut, gut, machen Sie so weiter, Sie werden schon sehen. Meine Freundschaft werden Sie verlieren.» Dann hat er natürlich ‹aufgemacht› und wir haben ‹vornehm› gespielt. Es waren ja nur winzige Bissen, unsere Süßigkeiten, aber wir taten, als sei es ein großes Mahl. Wir haben beide furchtbar gern Theater gespielt, haben uns eine Welt aufgebaut, die für uns Realität war, keine Märchenwelt. Wir standen zum Beispiel oft vor einem großen Spielwarengeschäft in der Kärntnerstraße und haben hineingeschaut. Ich habe nie eine Puppe besessen, aber ich habe mir die schönsten Puppen gemacht aus Kochlöffeln, großen und kleinen. Habe ihnen Tücher umgehängt und sie ‹beseelt›. Wenn wir also vor diesem Geschäft standen, haben wir gesagt: «Ach das, das haben wir ja alles. Da, die Eisenbahn, was ist das für eine alte Eisenbahn. Das ist doch nichts.» Wir haben uns unsere Spielzeuge so echt, so lebendig vorgestellt, daß wir den Leuten vormachen konnten, wir besitzen das alles. Die dachten sicher, «Donnerwetter, müssen das reiche Kinder sein, wenn sie das alles haben». Unsere Begeisterung und unsere Echtheit müssen sehr überzeugend gewesen sein.

Also, wir sind über den Praterstern gegangen, hinein in den Prater. Die Glückseligkeit war groß, denn es gab Grottenbahnen da, in denen wir allerdings niemals waren, das war zu teuer. Aber wir erzählten uns, was drinnen in den Grotten los war. Einen riesengroßen Menschenfresser hatte die Bahn, der hat sich kleine Kinder auf eine Gabel gespießt und dann in den Mund gesteckt. Aus seinem Bauch allerdings kamen sie wieder heraus, und wir waren glücklich. Unsere Märchenwelt funktionierte perfekt. Oder diese großen Musikboxen, auf denen der Strauß stand und mit steifer Hand dirigierte. Wir wußten genau die Abfolge der Musikstücke, und natürlich wußten wir auch, was andere nicht wußten. «Kennen wir doch, da drinnen sind Hänsel und Gretel, wissen wir doch, was die machen. Und Aschenbrödel brauchen wir gar nicht zu sehen.»

Am schönsten aber waren die Künstler, stumme Pantomimen auf einer Bretterbühne. Eigentlich hätte man dort Eintritt zahlen müssen, pro Person zehn Kreuzer, aber wir taten das nicht. Großvater gab immer fünf Kreuzer in den Hut, mit dem sie sammeln gingen, und das ungefähr viermal. War also immer noch billiger so. Diese Künstler jedenfalls faszinierten uns ungeheuer. Wenn sie von Liebe ‹sprachen›, griffen sie sich mit beiden Händen ans Herz, wenn sie ‹Hochzeit› meinten, zeigten sie auf den Ringfinger, wenn sie in ein Haus hineinschauten, zeichneten sie mit den Händen ein Fenster in die Luft usw. Sie waren wahnsinnig pathetisch. Es waren aber auch Akrobaten da, Feuerfresser, Damen, die sich verbogen haben, Jongleure. Das Ganze war eigentlich ein Theaterstück. Wir saßen da, mein Großvater hatte ein Glas Bier vor sich, mein Bruder Paul und ich bekamen ein Kracherl, so ein buntes Sodawasser, das doll gesprudelt hat. So saßen wir vier Stunden lang und wurden nicht müde, zuzuschauen. Großvater allerdings schlief meist ein.

Einmal gab es ein furchtbares Gewitter. Alles stürmte unter das Dach. Blitze fielen vom Himmel. Wir weckten Großvater auf, waren sehr erschrocken und rannten auch ins Trockene. Da sah ich auf dem Boden eine Herrenuhr liegen. Ich habe sie aufgehoben und ganz fest in der Hand gehalten. Was sollte ich nur damit machen? Sage ich etwas davon, gebe ich sie ab? Es war eine große Gewissensfrage für mich, weil ich doch wußte, die hatte sicher fünf oder zehn Gulden gekostet, also viel Geld. Eigentlich war ich durchaus der Ansicht, daß ich sie behalten könnte, aber dagegen stand dann doch mein Gewissen. Das Gewitter war zu Ende, wir gingen wieder hinaus, stellten die triefenden Stühle gerade hin, setzten uns, und das Programm ging weiter. Ich immer mit der Uhr in der Hand. Völlig unkonzentriert folgte ich den Darbietungen. Meinem Bruder fiel das auf, weil ich sonst ganz anders mitging. «Was ist los mit dir?»

«Ach nichts, gar nichts. Vielleicht bin ich müde.» Wir schauten also weiter zu. Auf einmal sagt Paul: «Es muß jetzt aber schon sehr spät sein.» Ich mache die Hand auf, die Uhr liegt da. Mein Großvater sieht mich an und sagt: «Woher hast du diese Uhr?»

«Ich habe sie gefunden.»

«Wann hast du sie gefunden?»

«Ja, wie das Gewitter war.»

«Und warum hast du mir das nicht gleich gesagt?» Ich wußte nicht, was ich ihm antworten sollte, und habe angefangen zu weinen. Da kam Paul mir zu Hilfe: «Du mußt sie so etwas nicht fragen, sie hätte dir das schon noch gesagt.» Ich heulte.

«Wie wäre es», sagte mein Großvater, «wenn du jetzt diese Uhr nehmen würdest und sie dem Wirt gibst? Der wird dann ausrufen wem sie gehört.» Ich war damals vielleicht sieben Jahre alt. Unter Schluchzen kam dann:

«Das habe ich ohnehin machen wollen, ich hab sie nur ein bißchen für mich behalten wollen.» Ich bin also zu dem Wirt getrippelt, habe ihm die Uhr gegeben. Ein Mann hat sich gemeldet, das sei seine und gefragt, wer sie gefunden habe.

«Ich» – ganz zaghaft habe ich den Finger gehoben.

«Und was wünscht du dir jetzt?» Ich war schrecklich hungrig: «Ein Paar Würstel vielleicht?» Er hat gelacht und für Paul und mich Würstel gekauft.

Die Praterbesuche zeigten einen Teil meines Großvaters. Auf der anderen Seite war er für uns ein großer Gelehrter. Er hatte seinen Platz in der Küche, dort saß er immer in einem grünen Fauteuil, einem abgeschabten Etwas. Vor diesem Plüschsofa stand ein Schemel, da legte er seine Füße drauf. Wir wohnten ja sehr beengt für so viele Personen, also legte er sich, um allein zu sein, ein Handtuch über den Kopf. Heute kann ich das verstehen, daß man so etwas macht, um in sich hineinsteigen zu können. Da kann noch soviel Lärm drumherum sein, man hört ihn zwar, vergißt ihn aber. Wir Kinder trippelten hin und her, die Mutter kochte – immer waren Geräusche um ihn. Und er, mit dem Handtuch bedeckt, sprach mit dem lieben Gott. Er hat mit ihm gehadert, Streitgespräche geführt. Er hatte seinen Talmud sehr gut studiert und fragte nun immer: «Warum hast du dies gemacht, warum hast du das gemacht?» Er hörte Antworten, hat das Gehörte widerlegt. Er hat sich alles so ausgelegt wie ein Talmudist das tut, ähnlich wie Martin Buber die Bibel interpretiert hat. Ich fand das hochinteressant, habe ihm zugehört. Ich weiß noch, wie er Gott, den Lenker der Welt, 1914, als mein Bruder Fritz an die Front mußte, gefragt hat, warum dieses Menschenmorden sein müßte, dieser Wahnsinnsehrgeiz, noch ein Stückchen mehr von der Welt haben zu müssen. Das hat er alles für sich in seinen Gesprächen abgehandelt. Er hat mich dadurch damals vieles gelehrt.

Dieser Großvater hat mich begleitet bis zu meinem 22. Lebensjahr, denn ich war im Sommer, in den Theaterferien, ja immer in Wien, zu Hause.

Eine Geschichte von damals hat mich wahnsinnig beeindruckt. Als Kaiser Franz-Joseph sein sechzigjähriges Regierungsjubiläum feierte, hat es in ganz Wien ein ungeheures Fest gegeben. Die ganzen Provinzen, Polen, Tschechei, Ungarn, Jugoslawien, alles, was damals zur K.u.K.-Monarchie gehörte, ging in Riesenfestmärschen durch die Stadt. Paul und ich wollten unter allen Umständen dabei sein. Meine älteste Schwester war mit einem Redakteur verlobt, der hatte ihr zwei Tribünenplätze gegeben. Sie hat meine Mutter eingeladen, mit ihr dorthin zu gehen. Und Mutter sagte zu uns: «Bleibt zu Hause, es ist ein solches Gedränge jetzt, geht mir nicht auf die Straße.» Kaum waren sie weg, haben wir uns gepackt und sind raus auf die Praterstraße. Überall waren Schnüre gezogen, Absperrungen an den Straßenrändern, auf dem Trottoir. Es war ungefähr zehn Uhr morgens, eine Riesenmenge hatte sich schon angesammelt.

«Bitte, wir sind so klein, lassen Sie uns durch!» Auf diese Weise sind wir bis nach ganz vorn gekommen. Was gab es da nicht alles zu sehen! Dragoner und ungarische Husaren, geschmückte Wagen und viele, viele Nationaltrachten. Wir vergaßen Hunger, Zeit und Raum. Als es dunkel wurde, sind wir schließlich nach

Hause gegangen. Mutter hatte schon die Polizei verständigt, aus lauter Angst und Sorge, aber bestraft wurden wir trotzdem nicht. Im Gegenteil: Großvater hat uns dann noch mit hinaus genommen, und wir sahen die mit vielen bunten Birnen beleuchteten Donaubrükken. Man kann sich das Gedränge nicht vorstellen, und diese Pracht! Den Abschluß bildete ein Feuerwerk, das uns natürlich auch sehr beeindruckt hat.

Bei uns im Haus wohnte eine Familie Weiler, die uns sehr mochte. Paul und ich waren oft allein zu Haus, die anderen Geschwister waren schon in der Lehre oder im Geschäft, meine Mutter ging Geld verdienen, Großvater war spazieren gegangen. Und diese Familie Weiler hat uns immer mal zum Kaffee eingeladen. Eines Tages kam Frau Weiler herunter und erzählte uns: «Stellt euch vor, der Onkel Weiler hat heute eine Medaille bekommen, er ist 25 Jahre in dem Geschäft und hat eine silberne Medaille bekommen. Schaut Sie euch ruhig an, habt ihr auch so etwas?» Und da sagt mein Bruder Paul: «Ja, wir haben auch so etwas, aber wir haben es jetzt nicht mehr da. Wir haben alles ins Versatzamt gebracht.» Ich war entsetzt: «Ja, aber nur, weil wir keinen Platz haben.» Damit wollte ich die Ehre des Hauses retten. Später, wenn ich im Sommer nach Wien kam, haben sie mir diese Geschichte immer wieder erzählt: «Na, wie ist das mit der Ehre des Hauses?»

Eine andere Geschichte, mit der man mich jahrelang aufgezogen hat, war folgende: In unserem Bekanntenkreis hatte es geheißen, der und der habe einen Bandwurm. Mich interessierte es brennend, was das wohl sein könnte, ein Bandwurm. Es hieß nur, der sei krank deshalb. Einmal waren wir bei denen zum Kaffee eingeladen, der Herr des Hauses kam von einer Reise und entschuldigte sich, er müsse erst noch einmal kurz ins Badezimmer. Er ging also hinaus. Nach einer Weile mußte ich mal und ging ins Badezimmer. Da sah ich ihn nackt stehen, guckte ihn an, rannte ins Zimmer zurück und rief voller Freude: «Jetzt habe ich den Bandwurm gesehen!» Das Komische darin ist, daß ich ja zwei Brüder hatte, die ich doch auch mal nackt gesehen habe, aber bei denen hatte ich den Bandwurm nie entdeckt.

Paul ist Goldschmied geworden, obwohl er sicher der geborene Komiker war. Er hatte den köstlichen Humor, den merkwürdigen Witz meiner Mutter, den nebenbei auch meine Tochter mitbekommen hat. Wenn ich meiner Mutter beispielsweise jemanden vorstellen wollte, hat sie gesagt: «Wozu stellst du ihn mir vor? Ich kenne ihn doch gar nicht.» Immer Antworten, die man nicht erwartet hat. So war Paul auch. Zudem war er von einer unglaublichen Gerechtigkeit und Güte, jeder hatte zu ihm Vertrauen. Meine Mutter nannte ihn «unseren Zadik», das ist ein Frommer, ein Heiliger. Er war aber weder fromm noch heilig, er war halt ein gütiger Mensch.

Mein Bruder Fritz, der Älteste, war ein besonders schöner Bursche. Als er schon Geld verdiente, von dem er natürlich den größten Teil meiner Mutter gab, hatte er sich ein kleines Zimmer gemietet, um mit seiner Freundin ungestört sein zu können. Dann stand er vorher vorm Spiegel, hat sich geputzt, die Haare gestrichen, eine besondere Krawatte umgebunden. Dann ist meine Mutter gekommen und hat ihm lautlos den Schlüssel für dieses Zimmer hingelegt, denn sie hatte ihn in Verwahrung. Ich wußte zuerst nicht, was das bedeutet, bis ich dann darauf gekommen bin. Das war nämlich ein Punkt, der mich natürlich sehr interessierte. Ich habe gedacht: «Was macht der bloß, und warum braucht er ein Zimmer und kann die nicht hierherbringen?» Also, für mich war das ein ganzer Roman, den ich mir ausgesponnen habe, hochinteressante Erlebnisse. Fritz wollte sehr gern Sänger werden, er hatte die schöne Stimme und die Musikalität unseres Vaters, aber die Ausbildung war zu lange, und sie hätte viel Geld gekostet. So ist er Kaufmann geworden, wie Paul ja danach auch.

Meine älteste Schwester Ottilie, genannt Tilli, hatte kastanienbraunes Haar, das sie wie die Kronprinzessin Cäcilie so heraufgeschlagen getragen hat. Sie war sehr groß, hatte eine gute Figur, grüngraue Augen, ganz hellhäutig war sie. Sie war ein besonders schöner Mensch. Ich möchte beinahe sagen, das war ihr Verderben. Sie hat derartige Platzangst gehabt, wohin sie auch gegangen ist. Ihr Verlobter hatte z. B. ein Abonnement gekauft für das Wiener Tonkünstlerorchester. Da hat sie mich manchmal mit hingenommen in die Musikhalle in Wien. Und wenn sie dann gekommen ist, ging sie mit gesenktem Kopf ganz schnell an ihren Platz, weil die Menschen sie angestarrt haben. Etwa so, wie es heute ist, wenn ein sogenannter Prominenter vorübergeht. Manchmal denke ich, ich bin im Affenkäfig, wenn ich mit der U-Bahn fahre oder so. Nun ja, so erging es jedenfalls meiner Schwester damals. Sie war kein glücklicher Mensch, überhaupt nicht. Sie war sehr verschlossen, ganz anders als meine anderen Geschwister. Ganz still war sie, sehr belesen, sehr gebildet. Sie war Schauspielerin, hat aber aufgehört, Theater zu spielen, weil sie es nicht ausgehalten hat, wenn die Leute sie angesehen haben. Wenn sie auf der Bühne stand, schrieben die Kritiker: «Eine Schönheit steht auf der Bühne!» Das konnte sie nicht ertragen. Sie war auch in Berlin engagiert, ich weiß nicht mehr wo, aber es war ein großes Theater, und ich glaube, sie spielte die «Monna Vanna», die einen Mantel an hatte und darunter nackt war. Sie ist nach Wien zurückgekommen, daran kann ich mich nun wieder genau erinnern, und hat zu der Mutti gesagt: «Ich kann nicht, ich halte das nicht aus, ich kann das nicht!» Sie hat also aufgehört mit dem Beruf und hat geheiratet. Ihr Mann war Dr. Heinrich Kanner, Chefredakteur und Mitinhaber einer großen politischen Zeitung in Wien.

Ich weiß noch genau, wie während des Ersten Weltkrieges viele, viele Seiten dieser Zeitung schneeweiß waren, alle zensiert! Meinem Schwager wurde dann das Angebot gemacht, Kriegsminister zu werden – falls er sich taufen ließe. Er war zwar Jude, hatte aber absolut nichts mit dem Judentum im Sinn, war auch in keiner Gemeinde. Dennoch hat er abgelehnt, die Nachfolge von Graf Bechthold anzutreten, der meines Wissens aus Altersgründen aufhören wollte oder sollte.

Ich war ja schon immer ein unpolitischer Mensch, wenngleich ich heute ein bißchen mehr darüber denken kann als damals. Aber ich fand das Ganze sehr spannend. Jedenfalls mußte der Dr. Kanner seine Zeitung ‹Freie Presse› aufgeben, weil er so viel über diesen ganzen Krieg geschrieben hatte, über die Zustände, über das, was werden würde. Er ist früh gestorben, meine Schwester war Witwe und wurde sehr schwermütig.

Meine Schwester Lola war auch wunderschön, sie sah aus wie eine Kreolin. Sie war Tänzerin. Und sie war die erste, die nackt getanzt hat im Burgtheater. Im «Spiegelmensch» von Werfel. Man brauchte da eine nackte Tänzerin, und Lola war die erste, die allererste überhaupt, die das gemacht hat. Sie saß nackt auf dem Souffleurkasten und war wunderbar anzusehen. Wenn jemand so gewachsen ist, daß einen nichts an ihm stört, dann ist Nacktheit etwas völlig Keusches. Keiner dachte sich etwas dabei. Natürlich hatte sie viele Verehrer, um die ich sie glühend beneidete. Sie war acht Jahre älter als ich und fast schon erwachsen, ich aber war noch ein Kind.

Lola bekam sehr viele Blumen geschickt, die sie allerdings nicht alle zu sehen kriegte. Denn Fritz brauchte die Gebinde manchmal für seine Liebchen. Dann schickte er Paul, um die Blumen zu bestellen. Da es aber in Wien häufig sehr windig war, kamen bei den Damen nur noch blütenlose Stengel an. Der Wind hatte die Pracht zerzaust. Und wenn dann meine Schwester nach Hause kam, sagte der Fritz: «Du, ich habe ein paar Rosen von dir weggenommen.»

«Und wer hat sie geschickt?»

«Ja, wenn ich das nur wüßte.» Er hatte wahllos irgendein Bukett genommen und Paul damit losgeschickt. «Aber hast du wenigstens die Visitenkarte abgerissen?»

«Ja», sagte Fritz, «das habe ich. Ich weiß allerdings nicht, wo sie ist.»

Ein Verehrer von der Lola war Joseph Schildkraut, der Sohn von Rudolph Schildkraut. Dieser Rudolph Schildkraut war einer der allerersten Schauspieler, ein grandioser Künstler! Ich habe nie einen Menschen gesehen, der den «Shylock» so gespielt hat wie er. Wie der nach Hause kommt von der Börse und «Jessica!» ruft – so etwas erlebt man nur einmal. Er war ein unglaublicher Schauspieler, aber auch unglaublich häßlich. Der Sohn Joseph war so schön wie sein Vater häßlich war. Eines Nachmittags pfiff es unten, wir wußten, das war für uns. Meine Mutter ging zum Fenster: «Ja, Joseph, was gibt es?» Sagte er: «Ach, Frau Ehre, ich hab heute Geburtstag. Könnte denn die Lolly nicht mit mir kommen, ich möchte so gern mit ihr ausgehen.»

«Aber Herr Schildkraut, Sie haben doch vorgestern auch Geburtstag gehabt. Suchen Sie sich eine andere Ausrede, vielleicht können wir dann miteinander sprechen.» Ich habe ihn sehr gemocht, den Joseph, den ich Peppi nannte. Wir waren oft im Urbani-Keller in Wien, ein schöner, uralter Keller, in dem man Wein getrunken hat. Viel konnten wir uns nicht leisten, aber die Atmosphäre war sehr schön. Einmal sagte der Peppi zu mir: «Sag mir doch mal, aber sei bitte ehrlich, sag mir, ob du dich mir auf einer einsamen Insel ohne Besinnung hingeben könntest.»

«Ja», sagte ich, «ohne Besinnung ja, aber mit Besinnung nicht.» Das war eine Kränkung für ihn, die er mir nie verziehen hat. Später noch sagte er immer: «Weißt du, was du mir einmal gesagt hast?»

«Ja, das weiß ich noch ganz genau.» Er ist mit seinem Vater nach New York emigriert, und viel später habe ich ihn dort auf der Bühne gesehen, als Vater in «Anne Frank». Dieser Peppi, der damals so blutjung war, mit dem ich viel Jux getrieben hatte – jetzt war er ein gesetzter Mann, der den Vater gespielt hat. Sehr gut war er, aber nicht annähernd so gut wie sein Vater. Er war eben ein ungewöhnlich schöner Mensch und hat dadurch Karriere gemacht. Durch ihn habe ich viel, sehr viel gelernt. Wir sind nächtelang die Donau entlanggegangen, haben uns ereifert. Für Kneipen hatten wir kein Geld, aber wir hatten auch so Feuerköpfe vom Reden. Diese Zeit hat mich gebildet, hat mir geholfen.

Wir hatten einen Bekannten in Wien, der war mit meiner Schwester Lola befreundet, er heißt Joachim Flemming, lebt heute in Leipzig.

Er war Berliner und sah aus, wie man sich das Bild eines SS-Mannes vorgestellt hat. Der hat meine Mutter sehr geliebt, ist für sie durch Tod und Teufel gegangen. Und als die Nazis meine Schwester Tilli als erste abholten, da ist er ein Stück mitgegangen, hat ihr den Rucksack gehalten. Als sie an der Schule ankamen, wo sie eingeliefert wurde, fragte ihn ein SS-Mann: «Was machst denn du mit der Jüdin?» Da sagte er: «Das ist eine Dame. Und ich möchte nicht, daß diese Dame ihren Rucksack allein trägt.» Er hat Tilli nicht helfen können, sie ist im KZ umgekommen.

Aber er hat Lola gerettet. Es werden ja heute viele Geschichten erzählt über das, was Menschen während dieser Zeit getan haben, Gutes und Schlechtes. Was dieser Mann getan hat, ist sicher nicht sehr häufig vorgekommen. Er hatte nämlich meiner Mutter versprochen, daß er alles tun würde, um Lola zu beschützen. Sie war verheiratet mit dem Burgschauspieler Philipp von Zeska, sie hatten zwei Söhne. Noch vor der Nazizeit haben sie sich scheiden lassen, was aber mit der Politik nichts zu tun hatte. Jedenfalls war sie nun als geschiedene Jüdin ungeschützt und hatte deshalb mit dem Flemming einen Pfiff ausgemacht. Wenn sie den hören sollte, würde sie ihr immer bereitstehendes kleines Köfferchen nehmen und hinuntergehen.

Er hatte mit der Frau eines SS-Mannes ein Verhältnis angefangen, um zu erfahren, wann irgendwelche Aktionen gegen die geschiedenen Männer oder Frauen von Ariern geplant seien. Eines Abends hörte sie das Pfeifen, nahm den Koffer und ging hinunter. Unten stand Joachim Flemming: «Komm, komm, morgen werden die von Ariern geschiedenen Frauen abgeholt, bitte komm. Ich habe mit einem Hausmeister gesprochen, der versteckt dich.» Sie ging mit ihm, und am nächsten Tag ist er noch einmal in ihre Wohnung gegangen, um noch etwas herauszuholen. Alles war schon ausgeräumt, die SS war noch oben. «Was machen Sie hier?» wurde er gefragt.

«Nichts, ich habe gehört, daß da eine Jüdin abgeholt worden ist und wollte mir etwas holen.»

«Wo haben Sie denn die Jüdin versteckt?»

«Nein, ich habe niemanden versteckt!»

«Die hast du versteckt.» Sie haben ihn mitgenommen zur Gestapo, haben ihn geprügelt, damit er sagen sollte, wo er sie versteckt habe. Er blieb bei seinem Leugnen.

Dieser Mann ist eineinhalb Jahre in Dachau gewesen und hat das Versteck nicht verraten. Lola hat bei diesem Hausmeister, ich glaube, ein halbes Jahr gewohnt, sie hat hinter einem Schrank gelebt, in einer Ecke. Dann ist die Frau des Hausmeisters eifersüchtig geworden und hat gesagt, daß Lola raus müsse. Wie meine Schwester dann in Wien gelebt hat, weiß ich nicht. Wo sie überall übernachtet hat, um dieses armselige Leben zu fristen, das kann ich nicht erzählen. Jedenfalls war sie auch ziemlich am Ende als der Krieg zu Ende war. Sie hat dann noch sehr jämmerlich von der kargen Wiedergutmachung in Österreich ein paar Jahre gelebt, ich war froh, da endlich noch etwas für sie tun zu können.

Mein Schwager Philipp von Zeska hatte wieder geheiratet, seine Frau war in den Jahren nach der Nazizeit sehr gut zu Lola. Mein Schwager starb. Der eine der beiden Söhne hat heute eine sehr gute Position in einer großen Fabrik in Wien, der andere Sohn lebt hier in Hamburg, ist Anthroposoph. Er hält Vorträge, macht Veranstaltungen. Er war Schauspieler, auch mal an meinem Theater, hat sich dann aber vollkommen davon abgesondert. Ich habe seine Entscheidung sehr bedauert, mußte sie jedoch als berechtigt erkennen. Ihm war das Spielen keine sich immer wieder erneuernde Lust, keine Steigerung seines Lebensgefühls.

Es fehlt noch eine, meine Schwester Emma. Sie ist die Einfachste von uns gewesen, ein unendlich liebenswertes Geschöpf. Sie arbeitete in Wien als Modistin in einem sehr guten Modesalon. Sie war so ganz anders als wir alle, ganz, ganz anders. Wir waren lebendig, farbig, sie dagegen war ein bißchen dumpf, sehr gradlinig. Unsere Linien waren unterbrochen durch Querlinien, Rundungen, Kreise, Vierecke. Das alles hatte sie nicht. Sie war äußerst naiv. Eigentlich hätte sie auf einem Dorf geboren sein können und hätte da bei Bauern auf dem Feld gearbeitet. Es ist schon sonderbar, wie bei manchen Menschen dieses Ursprüngliche, Erdverbundene durchkommt, vielleicht sind unsere Vorfahren einmal Bauern gewesen, wer weiß.

Übrigens bekam, soweit ich mich erinnern kann, keines meiner Geschwister, als wir noch klein waren, eine Geburtstagsfeier – nur ich. Warum, weiß ich wirklich nicht. Vielleicht war ich so erpicht darauf, etwas Besonderes zu sein? Ich weiß es nicht, vielleicht habe ich meine Mutter auch nur ganz einfach am besten becircen können, so nach dem Motto: «Sieh mal, da sind die Grete und die Margot und die Lilli – alle laden sie mich immer ein, nur ich habe keine Geburtstagsfeier.» Dann hat sie einen Guglhupf gebacken, und ich konnte meine drei Freundinnen einladen.

Meine Mutter hat uns eine so schöne Kindheit geschenkt, wie ich es kaum beschreiben kann. Sie hat uns nicht nach Anleitung, nicht nach wissenschaftlich-psychologischen Gesichtspunkten erzogen, sondern ganz einfach nach ihrer Empfindung. Ich denke, Erziehung kann man nicht lernen, man muß in sich spüren, was richtig ist. Und sie hat es gespürt, hat uns individuell erzogen, hat uns auch tun lassen, was wir wollten. Verbote in dem Sinne gab es nicht, sie hat höchstens gefragt: «Findest du das richtig?» So ging ich zum Beispiel mit meinem Bruder Paul in Kaffeehäuser, mit einer Rolle Packpapier unter dem Arm, und fragte, ob wir nicht Theater spielen könnten. Meine Mutter hat gelacht über uns, fand es herrlich, daß wir solche Ideen hatten. Bei allem hat sie gesagt: «Macht es, wenn ihr glaubt, daß es richtig ist.» Wir gingen ja nicht einbrechen oder morden, sondern wir konnten unsere Phantasie entwickeln, wurden nicht gleich zurechtgestutzt. Oder einen Satz wie «So etwas tut man nicht», so einen Satz gab es bei uns nicht.

Als meine Schwester Lola sagte, sie wolle Tänzerin werden, hat meine Mutter gesagt: «Probier es, geh hin zum Opernballett, frag an, ob sie dich nehmen. Nur zahlen kann ich nicht dafür.» Godlewsky war damals Solotänzer in Wien, und der hat sie dann auch unterrichtet. Mit dieser Art hat meine Mutter uns immer Mut gemacht, sie hat uns zu selbständigen Menschen werden lassen, die ihre Grenzen nicht durch Autorität gesetzt bekamen, sondern selbst erfahren konnten. Deshalb kann ich mich heute manchmal aufregen über Eltern, die ihren Kindern dauernd sagen «Tu dies nicht, tu das nicht». Sie sollen sie doch machen lassen, wenn sie denken, die Kinder könnten es.

Wenn ich heute manchmal zu Schüleraufführungen eingeladen bin, sagen die Eltern zu mir: «Was halten Sie davon, daß unsere Kinder unbedingt Theater spielen wollen? Das ist doch verrückt.» Ich finde das gar nicht verrückt. Die Kinder beschäftigen sich mit etwas, was ihnen Freude macht. Und was ihnen Freude macht, ist keine Narretei, das kann einen doch nur weiterbringen. Ich weiß nicht, ob die Eltern denken, ich müßte ganz altmodische Ansichten haben. Habe ich nicht, dank meiner Mutter. Sie war sehr modern, unbewußt modern. Sie stellte sich auf jeden von uns ein, lachte mit, wenn wir lachten. Nicht, weil sie es unbedingt auch komisch fand, sondern weil sie wußte, es machte uns Freude, wenn sie mitlachte. Einmal, am Versöhnungstag, ging sie morgens in die Synagoge. «Ihr müßt bis Mittag fasten, dann könnt Ihr essen. Die Erwachsenen müssen bis zum Dunkelwerden warten.» Aber wir hatten schon vorher schrecklichen Hunger. Also verdunkelten Paul und ich das Zimmer und wärmten unser

Essen auf. Damit hielten wir den lieben Gott zum Narren, aber er verzeiht Kindern sicherlich, wenn sie vor zwölf Uhr Hunger haben. Und unsere Mutter? Sie war zwar sehr fromm, aber unserer Phantasie konnte sie sich nie verschließen.

Sie hat uns zu freien Menschen erzogen, die immer sagen sollten, was sie denken. Wir sollten keine Ja-Sager, keine Duckmäuser werden. Allerdings machte sie eine Einschränkung, wenn es um Wahrheit ging: Tut dem anderen nicht weh. Sie sagte es immer wieder, für mich wurden diese Worte «Tu ihm oder ihr nicht weh» zum Hauptsatz. Ich hatte als Kind eine Klassenkameradin, die zog zwischen den Sätzen so merkwürdig die Luft durch die Zähne, daß es jedesmal ein pfeifendes Geräusch gab. Mich machte das schier wahnsinnig. Ich überlegte hin und her, ob ich ihr das sagen sollte. Als ich es meiner Mutter erzählte, sagte sie: «Nein, tu das nicht, es würde sie kränken.» Also ließ ich es, natürlich.

Man erlebt es oft, daß die Vergangenheit und die Menschen von früher glorifiziert werden. Aber meine Mutter war wirklich so. Sie hatte all das, was ich heute an mir positiv erachte – und das ist wahrhaftig nicht alles an mir! –, damals, in ganz frühen Jahren in mich hineingelegt. Hätte ich doch mehr von ihr: ihre Nachsicht, ihre Geduld, ihr Verständnis.

Ich habe einmal in einem Fragebogen auf die Frage: «Wen sehen Sie als Heldin dieses Jahrhunderts?» geantwortet: «Meine Mutter, aber sie hat es nicht gewußt.»

Einmal, es muß ungefähr 1906/7 gewesen sein, kam meine Mutter auf die Idee, nach Deutschland zu fahren, um dort ein Feriensaisongeschäft zu eröffnen. Sie hatte keinen Pfennig, aber sie wollte sehen, ob sie dort vielleicht eine Möglichkeit hätte. Von meiner Schwester Tilly bekam sie das Fahrgeld vierter Klasse nach Bad Reichenhall. Dort gab es im Kurpark Tischchen, auf denen die Ware angeboten wurde. Meine Mutter ist zum Kurdirektor gegangen und bekam die Erlaubnis, so ein Tischchen zu ‹betreiben›. Sie ist nach Salzburg gefahren, zu einer Fabrik, die Putzschürzchen, Häubchen, Bänder, alles solche Sachen herstellte. Und sie bekam die Ware in Kommission. Meinen Bruder Paul und mich ließ sie nachkommen. Wir dachten, wir sind im Paradies! Den ganzen Tag waren wir draußen im Kurpark, während sie an ihrem Tischchen stand. Bald hieß ihr Stand ‹Zur schönen Wienerin›, denn meine Mutter hatte nicht nur eine sehr offene Art, mit den Menschen umzugehen, sie war auch sehr hübsch. Nicht im üblichen Sinne hübsch – es ging einfach etwas von ihr aus. Es gab dort einen Mann, der immer so um das Tischchen herumgeschlichen ist. Ich sehe ihn noch heute vor mir: dunkel, schmal, mit einem ganz langen Nagel am kleinen Finger. Das hat mir mächtig imponiert. Es stellte sich heraus, daß das ein russischer Adliger war. Eines Tages kam ein Fotograf, der wollte ein Bild von Mutti, dem Herrn, Paul und mir machen. Ich habe mich versteckt, ich wollte nicht fotografiert werden. Das hatte seinen einfachen Grund: Wir hatten ein Bild von meinem Vater, und ich war in dem festen Glauben, er sei gestorben, weil er sich hat fotografieren lassen. Und ich wollte ja noch nicht sterben. Dieser Russe jedenfalls hat alles daran gesetzt, meine Mutter zu heiraten, auch später noch, als wir wieder in Wien waren. Noch zwei weitere, ernste Anträge hat sie bekommen, aber sie wollte nicht. Wie sie das durchgehalten hat, weiß ich nicht. Sie war ja noch eine junge Frau als mein Vater starb. Wahrscheinlich war die Sorge um die sechs Kinder das Primäre in ihrem Leben, alles andere war sekundär. Sie hat übrigens dieses ‹Saisongeschäft› in deutschen Bädern noch ausgebaut: In Bad Soden hatte sie schon eine Bretterbude, in Bad Neuenahr dann einen kleinen Laden mit einem winzigen Zimmer dahinter. Das waren für Paul und mich die Reisen unserer Kindheit.

Das Kind muß ans Theater

In der Schule hatte ich ein Fach besonders gern, das war der Literaturunterricht. Die Lehrerin hatte ganz glatt zurückgestrichenes Haar, dünn, mit einem winzigen, kleinen Knoten rückwärts. Wirklich winzig. Aber einen großen Busen. Und es fehlte ihr vorn ein Zahn. Und wenn sie in Rage kam, dann rann ihr die Spucke herunter, durch die Zahnlücke, rauf auf den Busen. Das hat mich wahnsinnig fasziniert. Jedesmal wenn sie gesprochen hat, habe ich gewartet auf die Spucke, habe mich gespannt gefragt, wann sie auf dem ausladenden Busen landet. Der Eindruck war ungeheuerlich für mich, und ich habe mir immer gewünscht, ja, so möchte ich sein, so muß die Spucke herunterrinnen. Es war mein faszinierender Traum.

Diese Literaturlehrerin jedenfalls wußte ganz genau, wo meine Schwächen und wo meine Stärken lagen. Wenn es nämlich darum ging, wann Lenau geboren oder Klopstock gestorben sei, bekam ich immer eine Vier oder Fünf. Ich wußte das einfach nicht. Aber zum Schluß jeder Stunde mußte noch ein Gedicht von den durchgenommenen Dichtern aufgesagt werden. Da habe ich mich nie gemeldet. Nie, weil ich wußte, sie würde mir sagen, ich soll's aufsagen. 13 Jahre war ich damals und schon so raffiniert. Denn mein Ziel war natürlich, die schlechte Note wieder auszulöschen. Sie hat mich angeschaut und gesagt: «Naja, du hast ganz genau gewußt, daß du jetzt ein Gedicht aufsagen wirst und ich diese Fünf streiche.» Das hat sie richtig bös gemacht, jedesmal. So habe ich mich also durchgeschummelt.

Ich wurde zum Beispiel zur ‹Theodor-Körner-Feier› als Held verkleidet, in die Turnhalle gestellt und mußte sprechen: «Wo kommst du her aus dem weiten Land und zückst Dein Schwert...» Alle waren begeistert, die Lehrer – und ich auch, natürlich. Als ich 14 war, wurde ich von unserem Religionslehrer gefragt, ob ich in der Synagoge das Glaubensbekenntnis aufsagen wolle. Der Anlaß war eine Feier, die der Konfirmation entspricht. Ich brannte darauf, ja zu sagen, aber man brauchte dafür ein festliches weißes Kleid, und das hatte ich nicht. Ich wußte, es geht nicht. Da ist die Klassenlehrerin zu meiner Mutter gegangen und hat sie gefragt, ob sie nicht irgend etwas tun könne, alle hätten so gern, daß ich das Glaubensbekenntnis spreche. Das war zu Beginn des Ersten Weltkrieges. Meine Mutter hat überlegt, dann hat sie nachts einen Vorhang, eine Gardine, vom Fenster genommen und hat mir daraus ein weißes Kleid gemacht. Ich bin freudestrahlend zu Frau Scholz, der Klassenlehrerin, gegangen und habe gesagt: «Ich habe ein weißes Kleid, ich kann in die Synagoge kommen.» Die gesamten Lehrer waren dort, und nachdem ich das Glaubensbekenntnis aufgesagt hatte, kam der Rabbiner zu mir: «Mein Kind, wenn du ein Knabe wärst, müßtest du Rabbiner werden.» Das hätte mir gelegen, ich bin gläubig. Aber nicht kirchengläubig oder tempelgläubig. In mir ist ein Glaube, und ich bin auch fromm. Aber beides hat nichts mit einem Gebäude zu tun. Ich finde es einfach schön, aus diesem Glauben heraus mit Menschen zu sprechen, mit ihnen umzugehen.

Nun denn, ich wurde 15. Nebenan auf unserem Flur wohnte eine Frau, die hatte einen großen Modesalon. Woczaczek hat sie geheißen, ein tschechischer Name, aber sie sprach ganz wienerisch. Zu ihren Kunden gehörten auch Burgschauspieler. Einmal ist sie nun zu meiner Mutter gekommen und hat gesagt: «Ach wissen Sie, Frau Ehre, Sie haben ein solches Glück mit ihrem Mädel. Sie sagt immer so schöne Gedichte auf, habe ich gehört. Meine Kinder können das nicht.» Und da sagt meine Mutter: «Haben Sie denn mein Iderl schon einmal ein Gedicht aufsagen hören?»

«Nein, aber man erzählt sich davon, und ich würde es natürlich gern einmal selbst hören.» Ich war gerade dabei, einen Aufsatz zu schreiben, als meine Mutter hereinkam: «Idusch, komm heraus, die Frau Woczaczek möchte so gern, daß du ein Gedicht aufsagst.»

«Aber Mutti, ich schreibe gerade einen Aufsatz!»

«Macht nichts, komm jetzt, du wirst ihn schon weiterschreiben können.» Ich konnte meiner Mutter nie etwas abschlagen, also ging ich mit. Ich habe meinen Knicks gemacht vor der Frau Woczaczek, und sie sagte: «Ach, das wäre fein, wenn du etwas aufsagen könntest. Ich möchte wirklich hören, ob du das so schön kannst, wie man es sich erzählt.» Da habe ich mich hingestellt und von Geibel das Gedicht «Es muß doch Frühling werden» aufgesagt. Diese Frau sah mich mit immer größer werdenden Augen an und sagte: «Ja, aber um Gottes willen, Frau Ehre, dieses Kind muß doch zum Theater gehen!» Darauf meine Mutter: «Ja, Frau Woczaczek, das Gefühl habe ich auch, daß sie das muß. Aber wo soll ich das Geld hernehmen? Ich kann das unmöglich bezahlen.»

«Frau Ehre, ich werde mir den Kopf zerbrechen. Es muß etwas draus werden, das Kind muß ans Theater!» Und nach wenigen Tagen ist sie wiedergekommen. «Hören Sie zu. Hier liefert mir immer ein Mann meine Tuche und Seiden. Der hat ein großes Engrostuchgeschäft auf der Wollzeile in Wien. Ballasza heißt er, ein Ungar.» Diesem Herrn Ballasza hatte sie von mir erzählt, fügte aber hinzu, daß es mit diesem kleinen Gedicht nicht getan sei: «Du sollst noch etwas dazulernen.» Also, was lernt man? Man lernt «Des Sängers Fluch» von Uhland, eine kolossale Sache. Man lernt «Den Ring des Polykrates». Ich habe die dramatischen Gedichte gelernt, alle, die ich finden konnte. Und Balladen, wilde Balladen. Eines Tages dann sind wir zu Herrn Ballasza gegangen. Er führte mich in das Magazin, in dem die Stoffballen zuhauf lagen. «Also nun stell dich hin und sag mir deine Gedichte auf.» Und ich stellte mich hin und habe völlig frei, ohne auch nur eine Sekunde Angst zu haben, deklamiert. Die Stoffballen haben gewackelt, glaube ich, so geschrien habe ich. Es war sicher ganz furchtbar schrecklich. Herr Ballasza sagte: «Das ist ja toll, woher nimmt dieses Kind die Kraft. Das ist unglaublich. Ich bringe dich zusammen mit einem Burgschauspieler.»

Vierzehn Tage später habe ich eine Karte zu Hause gehabt: «Komm her, Herr Burgschauspieler Prechtler ist hier. Du lernst ihn kennen, und er wird dir sagen, wann du zu ihm in die Wohnung kommen kannst.» Der Prechtler war mit einer Hofschauspielerin Schmittlein verheiratet, und diese Schmittlein war Komikerin. Eine der ersten Komikerinnen am Burgtheater. Er lernte mich also kennen, sah mich an. Mein Gott, wie sah ich damals aus. Eine ganz lange Nase, ein ganz kleines, dünnes Gesicht und große Augen. Man wußte nicht, was aus diesem Gesicht einmal werden könnte. Wird es Proportionen bekommen, die zusammenpassen, oder bleibt das alles so einzeln, wie es jetzt ist? Er sah mich noch immer an, während ich das dachte. «Komm nächsten Sonntag mit deiner Mutter zu mir.» Er wohnte draußen in Döblingen. Döblingen war ein Cottage-Viertel, so wie Blankenese oder Flottbek. Wir fuhren also da hin, und es roch so ganz anders, als wir es gewohnt waren. Es roch wunderbar in der Wohnung, das hat mir gut gefallen. Der Ballasza fuhr mit, er war mein Protektor. Ich stellte mich hin, der Ballasza wollte mir einen Stuhl geben, den ich an der Lehne anfassen konnte. Das wollte der Prechtler nicht: «Weg damit, sie soll ganz frei stehen und sprechen.» Ich habe mein Gedichtlein gesagt. «Komm mal mit zu meiner Frau.» Sie saß im Wintergarten, eine rothaarige Dame, eine Decke über den Knien. Man dachte, man kommt in ein Königshaus, so ungeheuerlich, so elegant, so schön war es. Und die Teppiche und die Gardinen – es war wundervoll. Ich machte meinen Knicks vor ihr. Ihr Mann sprach französisch, was mir überhaupt nicht gefallen hat, weil ich ja nicht französisch sprach. «Fein ist das nicht», habe ich gedacht. Da sagte sie: «Komm her, mein Mann hat mir von dir erzählt, also sprich mir deine Gedichtchen. Stell dich hin und sag mir das auf, was du gerade bei meinem Mann aufgesagt hast.» Das habe ich gemacht, sie hat eigentlich nur den Uhland hören wollen, aber ich habe noch «Es muß doch Frühling werden» dazugenommen, das war mein Gedicht, ohne das ich nicht existieren konnte, sozusagen mein

Talismann. Nach «Des Sängers Fluch» sagte sie: «Ich habe genug, brauchst nichts mehr zu sagen.» Und zu ihrem Mann gewandt: «Du wirst doch dieses Kind unterrichten, nicht?» «Ja, die Absicht habe ich, ich werde sie unterrichten.»

So begann es. Meine Mutter war zaghaft: «Herr Prechtler, ich kann nichts bezahlen, das ist nicht möglich. Meine Tochter kann lernen, wenn mich das nichts kostet.»

«Ich will auch nichts bezahlt haben, ich unterrichte sie.» Da bin ich dann einmal in der Woche bei ihm gewesen und habe ein paar Stunden gehabt. Ich habe das «Gretchen» gelernt und das «Klärchen». Plötzlich starb die Schmittlein, seine Frau. Da sagte er zu mir: «Ich kann nicht mehr unterrichten.» Jetzt saß ich da, ohne Unterricht. Eine kleine Begebenheit gehört hierher, die nichts mit meiner Schauspielerei, aber mit mir sehr, sehr viel zu tun hat. Nachdem der Prechtler mir also keine Stunden mehr gab, sah ich ihn eines Tages, bald nach dem Tod seiner Frau, auf der Kärntnerstraße Hand in Hand mit einem jungen Mädchen. Ich guckte und dachte «Das kann doch nicht wahr sein, das gibt es nicht!» Ich war entsetzt. Das war doch eine so gute Ehe, und jetzt geht er da Hand in Hand. Ich machte ihm im Innersten die übelsten Vorwürfe, war empört über dieses Benehmen und die Untreue nach so kurzer Zeit. Drei Tage später hat er sich am Grab seiner Frau erschossen. Das habe ich mir ewig gemerkt: Urteile nicht zu früh. Warte mit Deinem Urteil. Ich war damals noch sehr jung, ich konnte es nicht anders wissen. Aber man merkt sich so etwas.

Ja, also ich war ohne Lehrer. Da riet mir der Ballasza, doch mal auf eine Privatschule zu gehen. Es gab eine ganze Reihe davon in Wien. Ich ging also zu einer Privatschule, Pauli hieß die, Pauli am Stubenring. Ich bin hinaufgegangen, habe gesagt: «Ich möchte gern vorsprechen, ich möchte Schauspielerin werden.» Er sah mich an von oben bis unten. Ich war sehr dürftig angezogen, war sehr blaß, die Nase lang, die Augen groß, ein langer Hals. Ich habe ihm «Gretchen» und «Klärchen» vorgesprochen und er sagte: «Donnerwetter, das ist aber etwas. Ich würde Sie gern unterrichten.» Der hatte wirklich «Sie» gesagt! «Ja, aber Herr Professor Pauli, da ist eine Schwierigkeit, ich möchte einen Freiplatz haben. Ich kann nicht bezahlen.»

«Ja», sagte er, «das tut mir leid, das kann ich nicht. Ich habe eine Privatschule, muß meine Lehrer bezahlen. Ich kann keinen Freiplatz geben.» Weinend bin ich gegangen. Nach ein paar Tagen traf ich ein Mädchen, die dort Schülerin war. Sie kam zu mir und erzählte mir: «Weißt du, er hat uns gesagt, du bist sehr begabt, aber er weiß ja nicht, wie du einmal ausschauen wirst. Wenn du so ausschaust wie du jetzt ausschaust, wirst du nie ein Engagement bekommen. Das hat er uns gesagt.» Die hat sich gar nichts dabei gedacht, als sie mir das erzählt hat. Man kann sich vorstellen, wie ich geweint habe. Ich bin die Donau entlanggegangen und habe gedacht, du bringst dich um. Das ganze Leben hat keinen Sinn, wenn du so ausschaust, also bring dich um. Als ich lange gegangen war, sagte ich mir, geh noch mal nach Hause und sieh zu, ob du dich wirklich umbringen sollst. Überlege noch mal, bevor du hier ins Wasser gehst. Ich bin also schluchzend nach Hause gegangen, habe mich auf den Herd gelegt, der war ungeheizt, und habe bitterlich geweint.

Eine Stunde später kam die Mutti: «Ideluschko, was ist los mit dir? Warum weinst du denn?» Unter Tränen habe ich erzählt, was geschehen war. Meine Mutter war wie immer lieb, klug und weise. «Mein Kind, was muß dieser Lehrer für ein dummer Mensch sein, dieser Herr Pauli, der das gesagt hat. Du bist 16 Jahre alt, bist in der Entwicklung. Dein Gesicht wird sich noch so entwickeln, daß das eine zum anderen paßt. Du wirst keine Schwierigkeiten haben, verlaß dich drauf. Sei froh, daß du nicht Unterricht hast bei ihm, der ist nur dumm. Bei dem hättest du nichts gelernt.» So hat sie mich getröstet, und ich bin darüber hinweggekommen. Mein Protektor Ballasza war unermüdlich. Eines Tages kam er: «Weiß du, wer sich für dich interessiert? Die Wilbrandt-Baudius. Die Hofschauspielerin Wilbrandt-Baudius. Die sucht einen jungen Menschen, der ihr ihre Rollen abhört, der die Briefe beantwortet, die sie bekommt, der mit ihr zu Besuchen geht, damit sie nicht allein gehen muß. Geh mal hin zu ihr, stell dich vor. Ich habe ihr von dir erzählt.» Er machte einen Termin für mich bei ihr, und ich bin hingegangen. Eine Dame! Wahrscheinlich so an die Fünfzig, schneeweißes Haar. Ob es gebleicht war, weiß ich nicht, jedenfalls war es schneeweiß. Und die blauesten Augen, die ich in meinem ganzen Leben gesehen habe, faszinierend blaue Augen. Eine wunderschöne Frau. Ich habe nur gedacht: Mein Gott im Himmel, so etwas hast du noch nicht gesehen! Sie guckte mich an und dachte sicherlich: Gott, dieses kleine Mädchen da. Aber sie sagte: «Ja, wir wollen es miteinander probieren.» Die Wilbrandt-Baudius war nicht nur Hofschauspielerin, sie war auch die Frau des früheren Intendanten am Burgtheater. Sie war im Salondamencharakterfach, eine ausgezeichnete Schauspielerin. Gut, also sie hatte Gefallen an mir gefunden, und ich habe durch sie die interessantesten Menschen kennengelernt, die es damals gegeben hat. Unglaubliche Menschen. Zum Beispiel die Ebner-Eschenbach. Die lag damals schon mit achtzig oder Ende achtzig im Bett. Ich hatte ein bißchen Angst vor ihr. Ein kleiner Kopf, der war so klein wie ein geschrumpfter Indianerkopf. Und Falten, Falten, Falten. Sie trug ein Häubchen, so, wie ich mir die Großmutter in «Rotkäppchen» vorgestellt habe. Ich besitze von ihr noch zwei Réticules, die sie mir geschenkt hat. Zweimal war ich mit der Wilbrandt-Baudius dort. Wir haben Kakao aus silbernen Tassen getrunken, das war fürstlich. Tja, die berühmte Ebner-Eschenbach, die zu damaliger Zeit besonders bekannt war.

Dann waren wir bei dem Kriegsminister, Graf Bechtold. Dort ist folgende Geschichte passiert: Ein livrierter Diener öffnete, im großen Vorraum plätscherte ein Springbrunnen. Einfach herrlich! Für mich war das alles so ungeheuerlich, was wußte ich denn schon davon. Ich kannte nur Güte und Humor bei mir zu Hause, kluge Werte, die mich geprägt, mich gemacht haben. Aber was war diese andere Welt für ein junges Mädchen. Graf Bechtold nun hatte zu einer großen Tafel eingeladen, Leute noch und noch. Mein Tischherr war ein Fähnrich, man muß sich das vorstellen! Ein Fähnrich, so richtig in Uniform und all so was. Wir haben uns glänzend unterhalten. Ich war 16 Jahre

da Ehre 1912 mit ihrer
amilie in Wien

as erste Abendkleid 1918

Stadttheater Bielitz-Biala in einer heutigen Aufnahme

Die ersten Künstlerpostkarten 1918/19

Linke Seite
Portrait 1921 *(ganz links)*
1925 Königsberg, in *Der Strom* von Max Halbe
1927 Stuttgart, in *Spiel von Liebe und Tod* von
Romain Rolland *(unten)*

Stadttheater Cottbus

1968 Ida Ehre mit ihrem
Mann Dr. Bernhard Heyde

Die Enkelin Daniela

da Ehre mit ihrer Tochter Ruth

1932 Berlin, in *Der Weibsteufel* von Schönherr

1928 Mannheim, in *Affäre Dreyfuß* von Rehfisch

jung. Auf dem Tisch lag das Silberbesteck. Wir waren so in unser Gespräch vertieft, daß ich nicht auf die anderen achtete. Der Nachtisch kam, und es wabbelte auf dem Teller. Ich habe Messer und Gabel genommen, weil ich dachte, damit wird das gegessen. War das schrecklich. Die Wilbrandt-Baudius saß mir gegenüber und sah mich an. Da merkte ich, daß ich etwas falsch gemacht hatte. Und ich bemerke, daß sie mit dem Löffel ißt. Mir ist beinahe der Atem weggeblieben vor Scham. Das Besteck war für das Obst, und was ich da gegessen habe, hatte ich noch nie gesehen in meinem Leben, das war Pudding. Also, ich nahm den Löffel und habe angefangen, sehr diskret mit dem Löffel zu essen, nachdem alle meinen Fehler gesehen hatten. Schrecklich war das, ganz furchtbar.

Bei einem anderen Besuch, ich glaube, es war bei der Gräfin Kinski, habe ich etwas erlebt, was mir mein ganzes Leben nachgegangen ist. Ein ungarischer Major, ein Adliger, stand auf, um auf die Dame des Hauses einen Toast auszusprechen. Auf dem Tisch lagen herrliche Damasttücher. Nachdem er geendet hatte, stellte er das Glas auf den Tisch zurück und peng! zerspringt das Glas, und Rotwein ergießt sich über den ganzen Tisch. Er wußte nicht, wohin er schauen sollte. Die Gastgeberin sagte nur: «Das ist doch nichts, das kann jedem passieren. Das ist weiter nicht schlimm, machen Sie sich nichts draus.» Sofort kam ein Stubenmädchen, hat alles weggeräumt, brachte ein frisches Tischtuch und deckte neu. Alles war wieder in Ordnung. Ziemlich gegen Ende des Essens stand die Hausherrin auf und sagte: «Danke für Ihren Besuch, es war ein schönes Zusammensein. Jetzt wollen wir uns noch zurückziehen und einen Kaffee zusammen trinken.» Und sie stellte ihr Glas so hin, daß es umkippte, und der Rotwein über den Tisch floß. «Sehen Sie, Herr Major, ich sagte doch, das kann jedem passieren.» Ich habe damals schon begriffen, daß mir das etwas fürs Leben gegeben hat. Am liebsten wäre ich hingegangen zu ihr, hätte sie umarmt und ihr das gesagt. Es war grandios, es gab vieler solcher Erlebnisse.

Den Peter Altenberg habe ich noch in Wien gesehen, ohne Strümpfe, in Sandalen, buschiger Schnurrbart. Ich habe die ganzen herrlichen Literaten im Herrenhof gesehen, im Café Herrenhof, im Café Zentral, große Debatten schwingend. Es war einfach eine wunderbare Zeit mit der Baudius zusammen. Ich mußte ihr zum Beispiel die Rolle der «Daja» aus dem «Nathan» abhören, ich mußte den «Nathan» sprechen. Sie sah mich an und sagte: «Wie hast du das jetzt betont? Betone das noch mal, sprich den Satz noch mal. Sprich ihn so, daß ich weiß, du hast ihn verstanden.» Das war schwierig für mich, sehr schwer. Sie ist sehr ernst mit mir umgegangen. Ich mußte auch ihre Briefe beantworten. «Ich sage dir nichts, du beantwortest sie und gibst sie mir dann zum Lesen.» Dadurch habe ich sehr viel gelernt. Sie hatte einen Sohn, Prof. Wilbrandt-Baudius, der war in Dresden Naturwissenschaftler oder irgend so etwas, ich weiß es nicht mehr genau. Jedenfalls hat der Briefe geschrieben, das waren Hieroglyphen. Die konnte man nicht lesen, vielleicht hätte das ein Ägyptologe gekonnt, ich jedenfalls nicht. Wenn ich dann zu ihr gegangen bin und gesagt habe: «Bitte, können Sie mir den Brief vorlesen?» Antwortete sie: «Wie kann man so unintelligent sein, einen Brief nicht lesen zu können, eine Schrift nicht lesen zu können.»

«Aber ich kann es wirklich nicht, bitte lesen Sie ihn vor.» Sie nahm ihn, schaute drauf und sagte: «Ich kann's auch nicht lesen, was er schreibt. Versuch, ob du was beantworten kannst.»

Durch sie bin ich auch zum ersten Mal ins Theater gekommen. Ich habe bis zu meinem 16. Lebensjahr Theater nicht gekannt. Jedenfalls kam sie auf mich zu und sagte: «Im Deutschen Volkstheater wird ein Stück gespielt, ein Märchen, aber das ist eigentlich mehr ein Märchen für Erwachsene. Ich möchte, daß du dir das ansiehst, damit du einmal mitbekommst, wie das aussieht, wenn man auf der Bühne steht und eine Rolle spielt.» Nun war es zu der Zeit üblich, daß die Hofschauspieler, wenn sie am Burgtheater Proben oder Vorstellung hatten, mit einem Fiaker abgeholt und wieder heimgebracht wurden. Da bekam der betreffende Schauspieler zu seiner Gage an jedem Ersten, wenn er Nachmittag- und Abendvorstellung hatte, ein Kuvert mit dem Fiakergeld. Und dieses Fiakergeld hatte meine Wilbrandt-Baudius immer im Schreibtisch liegen. Sie ging also an diesen Schreibtisch: «Hier ist deine Karte, und hier hast du Fiakergeld.» «Aber ich kann doch mit der Elektrischen fahren.»

«Nein, das wirst du nicht. Du bereitest dich vor. Du fährst mit dem Fiaker ins Theater und fährst mit dem Fiaker auch wieder nach Hause.» Sie gab mir zwei Kuverts in die Hand. Ich sollte es genießen – das Theater und das Fiakerfahren. Und ich sollte auf der Rückfahrt auch Zeit haben, das Erlebte zu verarbeiten, ohne fremde Menschen dabei. So habe ich mein erstes Stück gesehen, es hieß «Die Grille». Es war damals ein viel gespieltes Stück, und für mich war es ein großes Erlebnis. «Mein Gott, das ist Theater, da kann man auf der Bühne stehen, da sprechen die Leute. Und die anderen sitzen im Zuschauerraum und hören zu. Großartig!»

Ich war der Wilbrandt-Baudius unendlich dankbar für dieses Geschenk. Aber es sollte ja weitergehen mit mir. Sie schickte mich also zur K.-K.-Akademie für Musik und darstellende Kunst. Ich sollte hingehen, mich prüfen lassen und sehen, daß ich aufgenommen werde. Also bin ich mit zitterndem Herzen, 16 Jahre alt, hungrig, denn es war ja Krieg und die Lebensmittel waren knapp, dort hingegangen. Zuerst mußte ich vor einer Kommission eine Vorprüfung machen, eine sogenannte Aufnahmeprüfung. Dort sagte ich mein Sprüchlein auf: «Ich kann aber nicht bezahlen.» So, wie ich später in der Nazizeit immer wieder sagte: «Ich lebe in einer privilegierten Mischehe.»

«Ich kann nur Unterricht nehmen, wenn ich nicht bezahlen muß.» Da haben mir die Lehrer geantwortet: «Jetzt warten Sie es erstmal ab. Die Vorprüfung haben Sie bestanden, Sie sind zur Hauptprüfung zugelassen, und dann werden wir weiter sehen.» Dann kam ich in die Hauptprüfung, es war grandios. Da waren Hofschauspieler und Professoren der Kunstgeschichte und Geschichte von der Universität. Und die Tanzmeister und die Ballettmeister, alles war vertreten und hat zugeschaut, hat bewertet wie man sich bewegt, wie man spricht. Ich habe also mein «Klärchen», die Marktszene und ein Stück aus der Wahnsinnsszene des «Gretchens» gesprochen. Sie haben mich unterbrochen und gesagt, ich würde in wenigen Tagen Nachricht bekommen. Die Nachricht kam, ich war aufgenommen.

Aber was nützte mir das? Ich konnte doch gar nicht gehen, weil ich nicht bezahlen konnte. Nur ein Freiplatz hätte es mir ermöglicht. Die Antwort war zunächst niederschmetternd. «In der ersten Klasse bekommt man keine Freiplätze, auch wenn ein Schüler noch so begabt ist. Wir müssen erst sehen, wie Sie sind, wie sie mitkommen, wie interessiert Sie wirklich an der Sache sind. Aber wir können versuchen, für Sie ein Stipendium zu bekommen, damit bezahlen Sie dann die Schule.» Ich bekam dieses Stipendium von der Baronin Königswarter und konnte damit das erste Schuljahr bezahlen. Im zweiten hatte ich dann einen Freiplatz, aber durch Fürsprache der Lehrer wurde das Stipendium weitergezahlt, sozusagen als Taschengeld für mich. Natürlich hab ich es zu Hause abgegeben, meine Mutter hatte es all die Jahre schwer genug, ihre Kinder allein durchzubringen. Im dritten Jahr dann folgte die Abschlußprüfung, ich spielte «Die Rote Robe» von Brieux und «Liebe» von Wildgans. Es war unglaublich für mich: ich hatte einen Monolog gesprochen, da haben die Zuschauer in den zweiten Monolog hinein applaudiert. Was das für ein Erlebnis, ein Erfolgserlebnis für einen jungen Menschen ist!

Es war auch der Lohn für drei Jahre harter Arbeit. Wir hatten von morgens neun bis nachmittags fünf Uhr Unterricht. Wir waren immer hungrig, ich war dünn wie ein Streichholz, meine Nase reichte bis zu den Knien. Was haben wir alles gelernt! Mythologie, Fechten, Tanzen, Kunstgeschichte, Französisch, Italienisch und vieles andere. Unsere Lehrer waren zumeist erstklassige Kräfte, die am Burgtheater engagiert waren. Fechten z. B. lernten wir bei Prof. Seuker, der auch an der Universität lehrte, Tanzen brachten uns die Geschwister Wiesenthal bei. Wenn ich heute zurückblicke, bin ich immer noch dankbar für diese gründliche, umfassende Ausbildung. Heute kann sich das eine Akademie kaum noch leisten, was äußerst schade ist, denn eine gute Grundausbildung regt natürlich auch an, sich weiterzubilden – eine wichtige Voraussetzung für unseren Beruf. Jedenfalls, an diesem Abend, dem letzten an der Akademie, die ich mit Diplom als eine der Besten abschloß, klopfte es an die Garderobe. Draußen stand ein Herr, der sich mit ‹Direktor Popp, Stadttheater Bielitz-Biala› vorstellte: «Sie sind engagiert. Sie kommen zu mir als Sentimentale und jugendliche Liebhaberin.» Das war mein erstes Engagement.

Die ersten Engagements

Eigentlich hat man mich dazu animiert, Theater zu machen. Ich wäre lieber Psychiater geworden. Aber schließlich bin ich das ja auch geworden, so groß ist der Unterschied zu meinem Beruf gar nicht. Menschen mit Schwierigkeiten trifft man überall, egal in welchem Beruf. Der Unterschied ist nur im Menschen selbst, ob er die Schwierigkeiten des anderen sieht oder sehen will. Wenn ich es mir so recht überlege, halte ich die ganze Gesellschaft für eine große Narretei. Zudem wird ja Theater auch schon als Therapie angewandt, insofern habe ich dann doch meinen Lebenstraum erreicht.

Sieben Monate war ich dann in Bielitz, einer Tuchmacherstadt in Schlesien. Es gehörte zu Österreich, nach dem Krieg war es Polen zugeschlagen worden. Noch heute werde ich von ‹der schlesischen Gruppe› als eine der ihren angesehen, bekomme Einladungen zu Heimatabenden, werde verhätschelt, wenn ich wirklich hingehe. Man kann sich das gar nicht vorstellen, die haben mich richtig gekauft. Wenn welche von denen heute dort zu Besuch hinfahren, bekomme ich Ansichtskarten vom Stadttheater, das so geblieben ist. Aber es waren wirklich nur sieben Monate, die ich dort verbracht habe, tolle Monate allerdings. Da hatte ich mein erstes Erlebnis, sozusagen. Begonnen habe ich auf der Bühne mit der «Viola» aus «Was Ihr wollt», die zweite Rolle war die «Iphigenie». Zur «Viola» schrieb die ‹Ostschlesische Post›: «... die ‹Viola› des Frl. Ehre scheint zu den besten Hoffnungen zu berechtigen.» Ein weiser Kritiker. Zu der Zeit war dort ein polnischer Panzerzug stationiert. Die Offiziere dieses Zuges saßen in zwei Logen, mindestens drei- oder viermal sahen sie sich «Was Ihr wollt» an. Dann bekam ich einen Zettel, ich besitze ihn noch heute, darauf stand: «Die Offiziere des Panzerzuges Smock, begeistert von Ihrem Spiel, erlauben sich, Sie da und dahin einzuladen. Herr Major Sowieso und Sowieso werden Sie am Bühneneingang erwarten.» Ich hatte natürlich panische Angst, mit diesen Männern zusammen zu sein. Also fragte ich eine Kollegin, die sah aus wie eine blonde Madonna. Und immer, wenn in der Garderobe ein zweideutiger Witz erzählt wurde, hat sie verschämt die Augen gesenkt. Ich nicht, wenn ich in meiner Naivität was verstanden habe, habe ich auch gelacht und mich riesig gefreut. Später, als ich schon von diesem Theater weg war, habe ich gehört, daß eben diese g'schamigde Kollegin fast mit jedem in der Stadt was angefangen hatte. Nun ja, sie fragte ich, ob sie mitkäme. Wir zwei Kinder sind also mit den Herren Offizieren in ein Lokal gegangen, und alles schaute. Man kannte uns dort ja. Ich erhielt eine Einladung zu einem großen Offiziersball in Krakau. Der Chef des Panzerzuges wollte mich mitnehmen, wollte, daß ich so etwas einmal erlebe. Es wurde immer voraustelefoniert, unser Zug komme. So fuhren wir glatt durch, kein Zug vor, keiner hinter uns. Und da habe ich ein polnisches Fest erlebt, wie ich es nie vergessen werde. Welche ungeheure Ausgelassenheit, direkt nach dem Krieg! Es hat mich schier besoffen gemacht. Wie diese Polen getanzt haben, diese Menschen voll Lebendigkeit, voll Blut, voll Phantasie. Unbeschreiblich schön. Das sind Eindrücke, die man sein Leben lang mit sich trägt, die immer wieder in Bildern auftauchen. Das ist Wirklichkeit, kein Märchen. Es hat mich schier berauscht. Die Offiziere haben tatsächlich aus den Tanzschuhen der Damen Sekt getrunken. Ich weiß noch, wie ich in den nassen Schuh stieg, wie in einer Operette. Zehn Hauptrollen hatte ich zu spielen in diesen sieben Monaten. Als ich die letzte Vorstellung hatte, wurden vier Riesentische auf die Bühne getragen, die voller Geschenke waren. Die Bühnenarbeiter haben Blumen vom Schnürboden heruntergeworfen. Es war ungeheuerlich für mich, die Elevin, die Anfängerin. Aus dieser Zeit habe ich übrigens noch alle Kritiken, ein Freund hat sie damals gesammelt. Noch etwas ist mir wesentlich in Erinnerung aus Bielitz-Biala. Ich hatte ja einen Anfängervertrag und natürlich auch eine Anfängergage, eine Mindestgage. Da sind die Kollegen zum Direktor – so hieß das in Österreich, das Wort ‹Intendant› gab es bei uns nicht – gegangen und haben gesagt: «Das Publikum geht der Ehre wegen ins Theater, Sie müssen ihr mehr Gage geben.» Man stelle sich das vor. Die Kollegen waren alle wesentlich älter als ich, waren lange am Haus. Und setzten sich solidarisch für mich ein, indem sie ihr eigenes Licht unter den Scheffel stellten.

Diese Monate jedenfalls waren für mich sehr wichtig. Aber ich wurde ja auch gefordert! Ich denke häufig, wenn ich heute junge, talentierte Schauspieler erlebe, daß es ihnen viel besser bekommen würde, wenn man ihnen gleich am Anfang Hauptrollen geben würde. Stattdessen machen sie hier zwei Sätze Synchron, dort drei Sätze Fernsehen, dann haben sie ihre Miete wenigstens zusammen. So kann man keinen Schauspieler wirklich aufbauen, sich richtig entwickeln lassen. Aber selbst wenn sie an einem großen Theater engagiert sind, bekommen Anfänger heute nicht diese Möglichkeiten, die ich hatte, diese Rollen. Was nützt ein Zweijahresvertrag mit vier Wochen Urlaubsanspruch, wenn die Motivation dabei verloren geht? Ich konnte mich bewähren in diesen paar Monaten, es hat mich beflügelt, hat mich angestachelt.

Also, ich wollte weiter. Zunächst ging ich nach Czernowitz, der Hauptstadt der Bukowina. Das war zwar nun rumänisch, aber die Sprache war am Deutschen Theater wie auch sonst deutsch. Dort blieb ich ein halbes Jahr, 1920/21. Ein halbes Jahr verbrachte ich in Bukarest, dem damaligen ‹Klein-Paris›, wie man es nannte. Es war toll. Die Offiziere gingen geschminkt herum, warum weiß ich nicht. Die Fiaker wurden geführt von Eunuchen, ganz hohe Stimmen haben sie gehabt. Unglaublich war das alles für mich.

Apropos Fiaker. Da habe ich eine meiner frühen, großen Enttäuschungen erlebt. Ein alter Mann stand an einem Laternenpfahl, angelehnt und stöhnend. Viele Leute standen um ihn herum, keiner tat etwas. Ich fragte ihn, warum er so stöhne? «Ah, mir ist so schlecht, schnell, einen Fiaker!» Ich holte also einen Fiaker und wir fuhren los, dorthin, wo er wohnte. Sein Kopf lehnte an meiner Schulter. Und ich dachte ängstlich: «Ich will nicht sehen, wie er stirbt, er stirbt wahrscheinlich.» Und habe meinen Kopf immer weggedreht. Der Weg war weit, sehr weit. Ich sah meine kleine Gage dafür draufgehen, aber ich werde es schon bezahlen, ganz egal.

Endlich hielt der Fiaker, wir stiegen aus und ich brachte den Mann in den dritten Stock, dort wohnte er bei seiner Tochter. Als sie öffnete, war ich sehr aufgeregt: «Ihrem Vater ist so schlecht, helfen Sie ihm bitte.» Und da sagte die Tochter: «Was, der wird sich betrunken haben, der hat sicher wieder seine ganze Rente versoffen.» Ich war erschüttert. Der Kutscher lachte mich aus: «Ach Kind, der hat doch so gerochen nach Branntwein, haben Sie das denn nicht bemerkt?» Nein, hatte ich nicht.

Am Deutschen Theater in Bukarest spielte ich die Schauspielerin in Schnitzlers «Reigen». Man stelle sich vor, 1920/21, und ich sollte mich ausziehen! Ich habe mich wahnsinnig geschämt, denn das war nicht wie heute, wo das selbstverständlich ist. Die männlichen Kollegen standen hinter den Kulissen und haben zugeschaut. Damals hat es Hemdhöschen gegeben, also es war nicht so, daß ich mich nackt ausziehen mußte, aber bis auf die Unterwäsche, das war schon schlimm genug für mich. Ich bin also zitternd hinein ins Bett, die Schuhe habe ich mir noch unter der Decke ausgezogen. Dann kam meine Szene, es wurde dunkel, wurde wieder hell, es folgte noch ein kleiner Dialog, und das Stück war zu Ende. Die Leute haben applaudiert, applaudiert, applaudiert. Und als der Vorhang wieder aufging, saß ich noch immer im Bett und habe die Decke gehalten bis zum Kinn. «Raus aus dem Bett! Raus aus dem Bett!» riefen sie. Ich habe es nicht gemacht, die Scham war einfach zu groß.

Bukarest, das Klein-Paris, war eine Stadt, in der man ungeheuer viel erleben konnte, eine sehr reiche Stadt. Meine Schauspieler-Kolleginnen, eher ‹Operetten›-

Kolleginnen, kamen mit herrlichen Pelzmänteln daher und Schmuck noch und noch.

Ich weiß noch, einmal fuhr mir ein Mann hinterher. Wir gingen in ein Kaffeehaus. Dort sprach der Kellner französisch, und ich konnte ein paar Brocken verstehen. Also bestellte ich unser Frühstück auf französisch. Mondän, ganz mondän. Nur, daß ich keine Zigarette rauchte. Aber ansonsten war ich sehr mondän. Der Mann saß uns gegenüber und guckte. Wir kümmerten uns nicht weiter um ihn, fuhren auf die Probe. Und da habe ich ihn gesehen, wie er ins Theater ging und Karten bestellte. An dem Abend haben wir den «Reigen» gespielt. Nach der Vorstellung fand ich einen Brief und ein großes Blumenbukett. Er wartete und bat mich, noch ein Glas Wein mit ihm zu trinken. Das habe ich nicht gemacht, ich habe mich gar nicht gemeldet. Am nächsten Tag war er wieder da, am übernächsten und wieder am nächsten. Und jedesmal waren Blumen da und ein Brief. Er wartete und wartete. Schließlich dachte ich «Na gut», ich habe mich öfter mit ihm getroffen. Als wir einmal an einem Juwelierladen vorbeikamen, blieb er stehen, sah in die Auslagen und sagte: «So schöne Dinge. Was gefällt Ihnen davon?» Ich sagte: «Unsinn, das kann ich doch nicht kaufen.» «Erlauben Sie mir doch, daß ich Ihnen etwas schenke.» Ich Trottel, das habe ich nicht erlaubt, keinesfalls. Er fragte mich dann, ob ich ihn heiraten wolle. «Nein», sagte ich, «das glaube ich nicht.» Später, in Wien, habe ich ihn wiedergesehen. Er kam zu meiner Mutter und wollte, daß sie mir zuredete, ihn zu heiraten. Aber es blieb bei meiner Ablehnung.

Jede Station, jedes Engagement, hinterläßt seine speziellen Erinnerungen. Das sind nicht unbedingt Rollen, die man gespielt hat, sondern es sind häufig Dinge, die mit der Stadt zu tun haben. 1921 bin ich nach Cottbus gegangen. Ich wollte weiterkommen, wollte etwas erreichen, Österreich war mir einfach zu klein, zu eng. Ich wollte nach Deutschland! Nach Deutschland, wo es so viele herrliche Bühnen gab.

Also, ich fuhr auf Anraten meines Agenten nach Cottbus, weil sie dort eine jugendliche Liebhaberin suchten, jugendliche Liebhaberin und Sentimentale. Ich habe vorgesprochen und wurde engagiert. Ich weiß nicht mehr, was ich dort alles gespielt habe, aber es war viel mehr, als man heute den Eleven überläßt. Ich hatte dort meine erste große Liebe. Ich habe von ihm, um den es ging, entsetzliche Prügel bekommen, weil ein anderer mich abgeholt hatte. Ich habe mit ihm daraufhin kein Wort mehr gesprochen, wirklich kein einziges. Aber abends standen wir zusammen auf der Bühne. Wenn ich mich recht erinnere, wurde das Stück «Liebe» von Wildgans gespielt. Darin hatten wir beide eine große Umarmungsszene. Mitten in dieser Szene flüsterte er mir ins Ohr: «Wenn du ab sofort, wenn das Stück zu Ende ist, nicht wieder mit mir sprichst, fällt der Vorhang. Ich sage meinen Text nicht weiter!» Um Gottes willen, was sollte ich machen? Ich war doch voll Ehrgeiz! Stille. «Ich rede kein Wort weiter, du kannst dich darauf verlassen. Sag, daß du nachher wieder mit mir sprichst.» Das Publikum fing schon an, sich zu räuspern, mit den Füßen zu scharren. Da sagte ich: «Verdammt nochmal, so eine Erpressung.» Damit war das Nichtmehrsprechen erledigt, das Stück ging weiter.

Der andere Mann, der mich abgeholt hatte, war der

Sohn des Besitzers eines großen Glashüttenwerkes, von denen es damals in Cottbus und Umgebung sehr viele gab. Auch in Senftenberg, wo wir einmal gastierten. Wir kamen dort an und sahen auf dem Marktplatz ein Plakat des Stückes «Liebe» von Anton Wildgans, mit dem wir gastierten. Auf dem Plakat konnte man lesen: «Gastspiel des Stadttheaters Cottbus mit ‹Liebe›, Tragödie einer Wildgans.» Anton Wildgans war ein guter Dramatiker und zu der Zeit Burgtheaterdirektor. Natürlich habe ich ihm sofort das Plakat geschickt, und er hat sich köstlich amüsiert darüber.

Einer der bekanntesten Theateragenten jener Zeit war ein Geheimrat Frankfurter. Eines Tages schrieb er mir einen Brief nach Cottbus, er habe von mir gehört. Agnes Müller, bisher engagiert in Frankfurt, sei nach Berlin gegangen, und er würde mich sehr gern vorschlagen, als Ersatz für sie nach Frankfurt zu gehen. Ich war vollkommen überrascht, konnte vor Erregung kaum atmen. Der berühmte Impresario Frankfurter war also auf mich aufmerksam geworden! Ich bin zu meinem Intendanten gelaufen: «Herr Intendant Immisch, schauen Sie, ein Brief vom Frankfurter!» Dieser Name hatte auf ihn genauso eine Wirkung wie auf mich.

«Das müssen Sie unbedingt machen. Fahren Sie nach Berlin, sprechen Sie ihm vor.» Ich vereinbarte also mit dem Agenten einen Termin und fuhr nach Berlin. Mir kam ein kleiner Mann entgegen mit einem weißen Bart, schönen blauen Augen und sah mich an: «Ach, Sie sind das. Also sprechen Sie mir vor.» Wir gingen in sein Zimmer. Ich glaube, ich habe etwas aus «Die Rote Robe» vorgesprochen und aus «Herzwunder» einen

Monolog. Mitten in diesem Monolog setzt sich der Mensch tatsächlich an seinen Schreibtisch und fängt an zu schreiben. So eine Frechheit, denke ich! Während ich mich hier verausgabe mit meinem ganzen Gefühl, schreibt der! Als er fertig war, steckte er den Bogen in ein Kuvert, klebte es zu und schrieb die Anschrift drauf: Intendant Richard Weichert, Frankfurt. «Das werden Sie in den Postkasten stecken, er wird Sie anrufen», sagte er. Ich war sprachlos vor Glück. In Cottbus erzählte ich meinem Intendanten davon. «Mein Gott, von Cottbus nach Frankfurt, das wäre ja ein ungeheurer Sprung!» Der Immisch war genau so gespannt wie ich. Nach ein paar Tagen kam tatsächlich ein Brief von Richard Weichert, ich sei ihm sehr empfohlen worden vom Frankfurter, ich solle kommen, er möchte, daß ich dort gastiere, mit «Judith» von Hebbel. Das hätte die Agnes Müller gespielt, er wollte das Stück weiter auf dem Spielplan haben. Ob ich das wohl könnte? Ich bin wieder zu meinem Intendanten gegangen, habe ihn gefragt, ob wir in Cottbus das Stück nicht spielen könnten, denn ich hatte die Rolle bisher nicht gelernt. Er hat dann tatsächlich das Stück mit mir als «Judith» herausgebracht, damit ich mit einer gelernten Rolle nach Frankfurt führe.

Nach zwei, drei Vorstellungen in Cottbus kam ein Brief vom Weichert, sein «Holofernes» sei krank geworden, er müsse das Stück absetzen. Aber ich möge doch bitte als «Maria Stuart» zu ihm nach Frankfurt kommen. Nun hatte ich die «Stuart» – ich war ja auch erst knappe 21 Jahre alt – auch noch nie gespielt. Was sollte ich machen? Erstmal bin ich wieder zu Immisch gegangen, habe ihm das Problem vorgetragen. Er schaute mich an: «Mein liebes Kind, ‹Maria Stuart› kann ich jetzt nicht auch noch extra herausbringen, das ist nicht möglich. Sie müssen selbst wissen, ob Sie den Mut haben, dort ins kalte Wasser zu springen.» Ich war ehrgeizig, dachte mir, das mußt Du machen. Du lernst die «Stuart» und fährst hin. So was würde man heute sicher nicht mehr machen, das kann man nur, wenn man so jung und so unbefangen ist. Ich lernte die Rolle noch im Zug dorthin. Mit nur zwei Proben habe ich dann in Frankfurt die «Stuart» gespielt. Die Presse schrieb: «Sehr begabt, aber doch nicht so fertig, daß sie die Stelle der Agnes Müller einnehmen könnte. Sie ist noch zu jung, man soll lieber noch etwas warten.» So fuhr ich zurück nach Cottbus, erhielt aber ein paar Tage später wieder einen Brief vom Weichert. Er wollte, daß ich die «Lady Anna» aus «Richard III.» spiele. «Trauen Sie sich das zu! Ich bin überzeugt, Sie werden es können, und Sie werden auch die Presse überzeugen. Ich würde Sie so gern engagieren.» Aber diesmal habe ich mich nicht mehr getraut.

Gewohnt habe ich in Cottbus bei einer Knopfmacherin, die hat Knöpfe überzogen. Das habe ich bei ihr gelernt, weil es mich so interessiert hat. Bei dieser Wirtin habe ich zum ersten Mal Schmalzbrot mit Harzer Käse gegessen, das kannte ich aus Wien nicht. Dort gibt es zwar Harzer Käse, der heißt Quargel, ist aber eigentlich etwas ganz anderes. Und eben in der Kombination mit Schmalz kannte ich es nicht. Winzigkeiten sind es, die einem im Gedächnis bleiben.

1922 kam ich nach Bonn, denn ich wollte nach Deutschland, unbedingt. In dieser Universitätsstadt lernte ich zum ersten Mal das Leben der Studenten kennen. Ich wurde eingeladen zu den Kommersabenden der Borussen, habe da deren ‹Rituale› wie ‹Salamenderreiben› gesehen, habe Mensuren erlebt. Ich habe das alles natürlich nicht begriffen, wußte nicht, warum man sich unbedingt die Gesichter zerhacken muß. Die Gespräche an diesen Abenden waren immer sehr interessant für mich. Viele Adlige waren dort, die Borussen waren eine berühmte Burschenschaft. Eines Abends war ich in Begleitung eines Fuchsmajors, des Grafen Schamier, der mich sehr verehrt hat. Wir saßen an einem Tisch, und das Gespräch ging um Rassen und Religionen. Einer stand auf und hat eine große Rede gehalten nach dem Motto ‹Deutschland, Deutschland über alles›, das sei die Rasse, eine andere Rasse dürfe es gar nicht geben. Das war 1922. Es dürfe auch keine anderen Religionen geben, es wurde die Fragwürdigkeit der jüdischen Existenz erörtert. Es kam zu einem sehr erregten Gespräch, und irgendwann kam der Zeitpunkt, an dem mir klar wurde, daß ich gehen sollte. Ich stand auf und sagte: «Ich glaube, das Gespräch ist nichts für mich, denn ich müßte mich jetzt verteidigen. Ich bin Jüdin und möchte Sie durch meine Anwesenheit nicht länger stören.» Es war gescheiter, den Mensurboden zu verlassen. Mit mir stand der junge Fuchsmajor auf: «Ich bringe Sie nach Hause.» Auf dem Weg sagte er: «Ich bin entsetzt. Es tut mir unendlich leid, daß das Gespräch einen solchen Verlauf genommen hat. Das ist sehr schade, und ich hätte nie gedacht, daß gebildete Menschen so reden können. Ich werde meine Konsequenzen ziehen.» Und am nächsten Tag hörte ich, daß er sein Couleurband zerschnitten in einem Couvert zurückgeschickt hat. Diese Konsequenz hat mir unglaublich imponiert. Wir haben uns dann noch oft getroffen, waren sehr befreundet. Es war gar nichts zwischen uns, nur eine echte Freundschaft.

Es war ein einschneidendes Erlebnis für mich, ein Vorspiel zur Hitlerzeit, an das ich oft gedacht habe, später.

Unter den Schauspielern gab es so etwas nicht. Wer sollte sich auch in der Form um den anderen kümmern? Wir haben uns nur darum gekümmert, wer Erfolg hat, sonst um gar nichts. Ich war dort mit sehr viel lieben Kollegen zusammen, mit Bruno Hübner, Max Noack, Schürenberg – lauter Leute, die später erste Namen bekamen. Wir sind am Rhein entlanggegangen und haben Gespräche geführt. Da fanden wir eine leere Konservenbüchse. Wir fingen an, mit ihr Fußball zu spielen. Plötzlich stand vor uns ein Polizist. Ich habe einen Strafzettel bekommen ‹wegen unbefugten Herumtretens an einer leeren Konservenbüchse. Nächtliche Ruhestörung›. Ich glaube, fünf Mark mußte ich bezahlen, wir haben dafür gesammelt, denn ich verdiente nicht viel.

Bonn war schön damals, ich habe es als unendlich musische Stadt empfunden. Unser Intendant war der zauberhafte Professor Fischer, der auch Vorträge an der Universität hielt. Meine Erinnerung an Bonn ist sehr gut, aber wenn ich heute dorthin komme, erscheint mir alles sehr fremd. Es ist eine unnatürliche Großstadt geworden, absolut unnatürlich.

Vieles hat sich verändert, natürlich, muß es auch. Aber nicht alle Veränderungen sind positiv. Früher hatte man z. B. einen Agenten, der sich kümmerte. Heute ist ein junger Mensch, ein junger Schauspieler ganz verloren. Diese staatlichen Stellen, die das heute machen, die haben doch ganz selten das Gefühl, dem oder der muß ich weiterhelfen. Wenn zufällig was kommt, bekommt er es, wenn nichts da ist, dann halt nicht. Es gibt natürlich auch welche, die sich sehr bemühen, aber es sind zu viele Schauspieler da und zu wenig Stellen. Es fehlen ja auch heute in Deutschland diese ganzen Städte, die es früher mit den Theatern gegeben hat, das ganze Ostdeutschland, wenn ich es jetzt hier mal so nenne, ist weg. Herrliche Städte waren das, Städte wie Breslau, Leipzig, Dresden, Gera, Gotha – all diese Theater, in denen sich junge Schauspieler auch wirklich entwickeln konnten. Wo man wußte, was aus ihnen wird. Die Agenten dachten ja richtig einen Lebensweg, eine Karriere vor, bis sie sagten, jetzt bist Du dort, wo Du hingehörst.

Heute gibt es so unendlich viele Schauspieler. Was sich teilweise so rumtreibt an verschiedenen Bühnen, bei verschiedenen Synchronanstalten, das ist schon traurig. Daran sind nicht einmal die Schauspielschulen unbedingt schuld, auch nicht die privaten, die hat man ja noch unter Kontrolle. Aber die Schauspieler, die unterrichten, sind oft unverantwortlich. Seit Jahren kämpfe ich zum Beispiel im Bühnenverein dafür, daß diese Lehrer wenigstens Prüfungen ablegen müßten: Können sie überhaupt unterrichten? Können sie aus einem jungen Menschen etwas rausholen? Können sie ihn führen, ihm den Weg, die Linie zeigen, die er gehen muß? Nur ganz selten ist das der Fall.

Ich hatte zum Beispiel mal eine Schülerin, die ich eigentlich schon wegschicken wollte, aber sie insistierte, ich solle es doch versuchen mit ihr. Es wurde einfach nichts mit ihr. «Lassen Sie die Finger davon», riet ich ihr. Sie ist eine ausgezeichnete Bildhauerin geworden und ist mir noch heute dankbar dafür. Eine andere, der ich ihren Wunsch ausgeredet habe, ist heute mit einem Inder verheiratet, kümmert sich um indische Religionen und Lehren. Beide haben noch engen Kontakt zu mir.

Man ist nicht unfehlbar in seinem Urteil, selbstverständlich nicht. Aber ich denke doch, daß ein erfahrener und verantwortungsbewußter Schauspieler schon ein Gespür dafür haben sollte, wo Begabungen stecken und wo nicht. Der Erfolg auf einer Laienspielbühne macht einen noch nicht zum Schauspieler, das vergessen viele. Trotzdem ist es unbedingt wichtig, daß es diese Liebhaberbühnen gibt, sie können viel abfangen an Enttäuschung über einen nicht erfüllten Lebenstraum. Nicht jeder ist einsichtig, wenn er mit einer Ablehnung konfrontiert wird. Kürzlich fand ich auf meinem Telefonbandgerät immer wieder die Ansage «Bitte rufen Sie mich an», Name und Telefonnummer waren hinterlassen. Schließlich rief ich zurück, es meldete sich eine bekannte Neurologin. Ich dachte, es geht um irgendeinen ihrer Patienten. Es stellte sich aber folgendes heraus: Sie hatte eine große Praxis, in der sie den Menschen, um sich zu befreien, Schauspielunterricht gab. Ich sagte ja schon, Theater und Psychiatrie seien nicht weit auseinander, und das hatte sie wohl als ‹Heilmethode› auch erkannt. Nun wollte sie sich selbst einen Kindheitswunsch erfüllen, sie wollte so wahnsinnig gern Schauspielerin werden.

«Und was wollen Sie dann von mir?»

«Ich möchte, daß Sie mich unterrichten.»

«Und da wollen Sie diesen herrlichen Beruf aufgeben?»

«Ja, ich habe die Praxis schon sehr lange, habe eine ganze Menge Geld und könnte es mir leisten, Schauspielerin zu werden.»

«Wie alt sind Sie denn?» Pause. «Es wäre für mich schon interessant zu wissen, wie alt Sie sind, denn ich kann nicht sagen, kommen Sie her, ich werde Sie unterrichten, wenn ich Ihr Alter nicht weiß.»

«Ja, also, ich bin 60!» Da hat es mich fast vom Stuhl gerissen. «Was, 60? Gehen Sie um Gottes Willen selbst zu einem Neurologen. Es scheint mir wichtig, daß Sie etwas für sich tun, lassen Sie eine Analyse machen. Das wäre gescheiter und wichtiger für Sie.» Aber sie zeigte keinerlei Verständnis. «Ich würde doch auch alles bezahlen.»

«Davon bin ich überzeugt, aber ich werde Sie nicht unterrichten. Wenn Sie diesen innigen Wunsch haben, warum gehen Sie dann nicht zu einer Liebhaberbühne? Die werden sich freuen, einen hochintelligenten Menschen bei sich zu haben, und einen Menschen, der mit solcher Begeisterung dabei ist.» Da kam es sehr kläglich: «Ja, wenn Sie meinen».

«Jetzt sind Sie bitter enttäuscht?»

«Ja, das bin ich, ich habe mehr Verständnis von Ihnen erwartet.»

Sagte ich: «Mehr Verständnis, als ich Ihnen entgegenbringe, wird Ihnen niemand entgegenbringen. Der eine oder andere, den Sie anrufen, wird es vielleicht tun, wird sich die Stunde gut bezahlen lassen. Aber mit Verständnis für Sie hat das wenig zu tun.»

Ich meine, Träume sind gut und schön, Träume

müssen sein. Aber nicht jeder Traum kann sich erfüllen.

Ich hatte das Glück, daß meine Träume sich erfüllten. Von Bonn ging ich, mit einem kleinen, kurzen Umweg über Cottbus, nach Königsberg. Intendant dort war Leopold Jessner, der später nach Berlin kam. Zwei Jahre war ich dort, hatte Kollegen wie Pamela Wedekind, Friedrich Domin, Ruth Hellberg – es war eine wunderschöne Zeit. Im ersten Jahr bekam ich ein Telegramm aus Darmstadt, von dem berühmten Hartung. Mein Gott, wäre das ein Sprung gewesen – von Königsberg nach Darmstadt! Ich bin zu meinem Intendanten gegangen, erzählte ihm von dem großartigen Angebot. «Fräulein Ehre, Sie wissen, daß ich Sie für zwei Jahre engagiert habe, wollen Sie jetzt wirklich nach Darmstadt gehen?»

«Ja, aber Darmstadt ist ein so herrliches Theater.»

«Und unser Theater, ist das nicht schön? Wollen Sie das wirklich machen?» Da ist mir ganz angst und bange geworden, und ich habe Darmstadt abgesagt.

Besonders in Erinnerung ist mir meine erste Regie. Etwas, von dem ich überhaupt nicht wußte, daß ich es kann. Ich habe mir nur gedacht, es muß ungeheuer interessant sein, in andere Menschen hineinzukriechen und sie zu erspüren, zu erfassen. Wir probierten «Die armseligen Besenbinder», ein Stück von Carl Hauptmann, einem Bruder von Gerhard Hauptmann. Ich hatte nur eine kleine Rolle darin und hatte deshalb immer Zeit zu sehen, was der Regisseur machte. Das alles hat mich brennend interessiert. Da wurde der Regisseur krank, und ich habe gedacht: «Soll ich mir den Mut nehmen, zum Intendanten zu gehen und zu sagen

‹Bitte, übergeben Sie mir das Stück, lassen Sie mich das machen›. Ja, verdammt, was kann Dir schon passieren? Geh rauf und sag's ihm, vielleicht gibt er Dir die Chance.» Ich habe also allen Mut zusammengenommen, bin hinaufgegangen und habe ihn klopfenden Herzens gefragt. «Sehen Sie, ich habe doch nur eine kleine Rolle in dem Stück, habe die ganze Zeit beobachten können. Vielleicht ist der Regisseur zu meinem Glück krank geworden? Bitte vertrauen Sie mir das an, daß ich die Regie übernehme.» Er war erstaunt, schaute mich an und sagte: «Ein bißchen jung sind Sie eigentlich dafür, aber wenn es Sie wirklich so interessiert, bitte, dann versuchen wir es.» Ich fand es herrlich!

«Morgen komme ich zur Probe hinunter und rede mit den Kollegen.» Es waren alles Kollegen, die wesentlich älter waren als ich, und es hätte schon Schwierigkeiten geben können. Er kam am nächsten Morgen, sagte: «Wir wollen ein Experiment wagen. Ich werde Fräulein Ehre die Möglichkeit geben, eine Inszenierung zu machen.» Großes Erstaunen, aber da es ihnen der Intendant selbst gesagt hatte, widersprachen sie nicht. Ich hab's probiert. Ich war natürlich manchmal sehr unsicher, aber gerade aus der Verunsicherung heraus ist ein großes Vertrauen gewachsen, ein Vertrauen in mich selbst. Ich wußte, die Kollegen werden sich fragen, schafft sie es oder schafft sie es nicht, also mußte ich es schaffen. Ich bin so eigentlich über meinen eigenen Schatten hinausgewachsen, habe gesehen, wie der Schatten immer kleiner wurde. Und war unendlich glücklich darüber. Mein Intendant kam zu den beiden Hauptproben, nicht vorher, was mich sehr überrascht hat. Er saß neben mir, hat mich zwischendurch immer angeschaut, und als es zu Ende war, hat er gesagt: «Das und das ist noch nicht richtig, das und das muß geändert werden, diese Szene muß etwas schneller sein und dort wäre es besser, wenn Sie Pausen ließen.» Er hat mich väterlich beraten. Bis zur nächsten Probe habe ich mir seine Ratschläge überlegt, ich war nicht mit allem einverstanden, was er gesagt hatte. Dann kam die Generalprobe, die Kollegen waren sehr überrascht über meine Arbeit, und die Premiere war ein echter Erfolg.

Das sollte meine einzige Regie bleiben, bis ich später, viel später, nach 1945, viele, viele Inszenierungen machte. Aber seit ungefähr zwei Jahren will ich nicht mehr Regie führen. Ganz einfach, weil ich zu ungeduldig, zu unduldsam geworden bin. Wenn ich merke, in einem Menschen steckt etwas, und er läßt es nicht aus sich heraus, werde ich furchtbar böse. Je lieber ich einen Menschen habe, je überzeugter ich von ihm bin, desto böser werde ich mit ihm.

In Königsberg damals war häufiger auch der Paul Wegener zu Gast, er war Ostpreuße. In den zwei Jahren hat er viermal gastiert bei uns, das waren für mich besondere Ereignisse. Er war nicht nur ein herrlicher Schauspieler, sondern auch ein Prachtmensch in seiner göttlichen Naivität, die ja große Künstler häufig haben. Er ging mit uns jungen Leuten so um, als seien wir seine Kinder. Einmal lud er uns ein, abends, in ein feines Weinlokal. Drei junge Mädchen waren wir, und er hat dort mit uns den größten Unsinn gemacht. Er ist ja sehr groß gewesen, mit einem Riesenbrustkasten. Wenn er sehr gut gelaunt war, dann sagte er plötzlich: «Wißt ihr was? Jetzt spielen wir Zwerge.» Dann ist er vom Sessel aufgestanden, hat sich unter den Tisch gehockt, hat das Kinn auf die Tischplatte gelegt, hat mit Messer und Gabel gegessen, das Kinn immer auf der Tischplatte. So haben wir zu viert ‹Zwerge› gespielt. Die Leute ringsum konnten natürlich gar nicht fassen, was da vor ihren Augen geschah, mitten im feinen Lokal. Sie schauten voller Staunen und Belustigung zu, aber er war ganz ernst dabei. Auf einmal hat er geflüstert: «Und jetzt Riesen, Riesen jetzt.» Alles ist aufgestanden und wir haben stehend gegessen, mit Messer und Gabel, ganz korrekt, aber jetzt waren wir Riesen. Es war schon eine große Beglückung, mit so einem kindlichen Menschen zusammen zu sein. Wenn er etwas getrunken hatte, wurde er besonders gutmütig. Wegener legte sich in diesem Zustand auf den Boden und sang ostpreußische Dienstbotenlieder. Wir hockten und knieten um ihn herum und fanden es herrlich. Ein anderer Kollege, ein heute noch unvergessener, großartiger Schauspieler, dessen Namen ich nicht nennen möchte, wurde unendlich böse unter Alkohol. So böse, daß ich oft den Atem angehalten habe. Er litt dann unter Verfolgungswahn, meinte, jeder wolle ihm Schlechtes und wurde dadurch selber so aufsässig, so ungerecht, daß er uns behandelte wie den allerletzten Dreck. An ihn habe ich keine guten Erinnerungen. Eine Begebenheit will ich erzählen, weil sie mich so erschüttert hat.

Ich hatte jüdische Freunde, die hatten in Königsberg ein großes Juweliergeschäft. Bei denen hat er gewohnt, wenn er in Königsberg gespielt hat. Sie haben ihn behandelt wie einen Renaissancefürsten, er konnte sich benehmen, als sei es sein Haus, als sei es sein Weinkeller. Nächtelang hat er dort mit anderen Menschen

Gelage gehabt. Und als dann 1933 kam, ist er auf die andere Straßenseite gegangen, wenn diese Freunde ihm in Königsberg begegneten, nur um sie nicht grüßen zu müssen. Sie hatten damals noch ihr Geschäft, sie kamen auch nicht raus aus Deutschland, sie haben sich erhängt. Das habe ich ihm nie verziehen, dem großen Kollegen. Ich habe ihn dann, als ich noch Theater spielen durfte, ganz zu Anfang des braunen Terrors, in Berlin einige Male wiedergetroffen, und ich habe mich oft gefragt, was das wohl für ein Mensch ist. Ein so phantastischer Schauspieler, aber menschlich so klein und arm.

Es waren zwei lehrreiche, lebendige Jahre in Königsberg. Der Jessner war ein Himmelsmann, ein großartiger Regisseur und ein ungeheurer Menschenkenner, der mit Menschen auch umgehen konnte. Einmal habe ich in einem Stück eine Wirtin gespielt, die mit beiden Händen Biergläser zu halten hat. Ich mußte durch den Biergarten gehen und mit den Gästen kokettieren. Ich habe das getan und bin abgegangen. Kam von unten: «Machen Sie das noch mal, Fräulein Ehre, noch mal.» Ich wiederholte die Szene, wiederholte sie ein drittes Mal. Schließlich sagte Jessner: «Wissen Sie nicht, was da fehlt?»

«Nein, ich weiß es nicht. Kokettiere ich schlecht?»

Sagt er: «Mit den Augen richtig, aber mit dem Hintergestell nicht, das müssen Sie auch gebrauchen.» Herrlich fand ich das. Der ganze Mensch muß kokettieren, nicht nur die Augen. Das habe ich mir sehr gemerkt, und es hat mir später oft geholfen, wenn ich Regie geführt habe. Dann habe ich oft gesagt: «Das eine machst du so, mit dem anderen machst du gar nichts.

Beides muß drankommen, du darfst nicht vergessen, daß beides Eins sein muß.» Es war eine schöne Zeit in Königsberg mit dem Jessner, und als er nach Berlin ging, sagte er: «Ich werde Sie nicht vergessen. Melden Sie sich, wenn Sie in Berlin sind.» Er hat mich wirklich nicht vergessen, und als ich kurze Zeit später in Berlin war, wurde ich gebeten, eine Rolle zu übernehmen. Jürgen Fehling inszenierte «Rauhnacht» von Billinger. Ich sollte eine der drei Mägde spielen, die drei richtige Rollen hatten. Ich saß im Zuschauerraum während der Probe und habe gesehen, was der Fehling mit den Schauspielern getrieben hat. Da ist mir so schwindlig geworden, ich habe es derartig mit der Angst bekommen, daß ich mir gesagt habe: «Mit so einem Menschen, das ertrage ich nicht. Diese Brutalität.» Er war ein Könner, ein ungeheurer Könner, aber ein Wahnsinniger. Ich bin auf und davon, kam gar nicht dazu, mir irgendeine Probe anzutun. Aber Jessner hatte Wort gehalten, er hatte mich empfohlen. Dem Fehling bin ich nie wieder begegnet, habe aber von anderen Kolleginnen gehört, denen es genauso ging wir mir. Er war ein genialer Regisseur, aber es gab nicht viele, die die Kraft hatten, die Proben durchzuhalten. Und ich damals, als junger Mensch, hatte sie nicht.

In Königsberg hat es ein tolles Lokal gegeben, das ‹Blutgericht›. Früher war das eine Richtstätte gewesen, wo die Leute, glaube ich, gehängt, geköpft und gevierteilt wurden. Es gab unbeschreiblich schöne Winternächte. Der klarste Himmel mit den schönsten, leuchtendsten Sternen. Einen Abend war ich mit Freunden im ‹Blutgericht› und sollte einen Grog trinken. «Was ist das?»

«Eine ganz einfache Sache. Heißes Wasser, etwas Rum und Zucker.» Das konnte eigentlich nicht schlecht sein. Ich trank einen, noch einen, noch einen. Voller Gier war ich, und königlich lustig. Das ganze Lokal haben wir unterhalten. Als wir rauskamen, war es eiskalt. Ich fing an zu taumeln, habe mich in den Schnee gesetzt und wollte nicht mehr weiter. Es war ein sehr wohliges Gefühl, aber natürlich gefährlich. Ich wollte sie alle mit Schnee waschen, habe mir immer wieder mein Gesicht eingerieben. Das ging bestimmt eine halbe Stunde so. Da haben sie dann einen Schlitten geholt und mich darauf gepackt. Zu Hause habe ich immer noch gejubelt. Mein Gott, man war ja so etwas nicht gewohnt.

Mein letztes Stück in Königsberg war das «Spiel von Tod und Liebe» von Rolland, das war meine Abschiedsvorstellung. Ich hatte mein Engagement aufgekündigt, ohne etwas Neues zu haben, aber mich trieb es, ich wollte weiter. In Berlin wartete ich ab. Da rief mich mein Agent an und sagte: «Hören Sie, Fräulein Ehre, in Stuttgart eröffnen sie das Schauspielhaus mit dem «Spiel von Tod und Liebe». Der Regisseur, Dr. Legband, hat die Rolle, die Sie in Königsberg gespielt haben, schon mit drei, vier Schauspielerinnen ausprobiert, aber keine stimmt. Fahren Sie hin, vielleicht gelingt es Ihnen.»

Ich fuhr also nach Stuttgart, stieg in die Proben ein, probierte zehn Tage, zwölf Tage. Fünf Tage vor der Premiere denke ich: «Man müßte mir doch eigentlich mal sagen, ob ich nun engagiert bin oder nicht.» Dr. Legband war über meine Frage höchst erstaunt. «Natürlich spielen Sie die Rolle.»

«Aber davon weiß ich nichts, kein Mensch hat hier mit mir über ein Engagement gesprochen.» Wir sind hinaufgegangen zum Herrn Direktor Kraushaar, haben angefragt. «Selbstverständlich sind Sie engagiert.»

«Ja, entschuldigen Sie bitte, woher soll ich das wissen?»

«Glauben Sie denn, ich würde fünf Tage vor der Premiere jemand anders holen? Ich habe Sie für das ganze Jahr engagiert.»

Ich war sprachlos. «Wie können Sie mich denn engagieren, wenn Sie kein Wort mit mir sprechen?»

«So gescheit muß man selbst sein.» Der Kraushaar war ein köstlicher Mensch, ein Urwiener. Immer, wenn wir ein literarisches Stück gespielt haben, das er ja angenommen hatte, und er heraufkam auf die Probe, sagte er: «Ein literarisches Stück, das ist nichts für mich», und er ist wieder weggegangen.

Wir spielten viele ‹literarische› Stücke, sehr viel von Ernst Toller. Und ich hatte eine ganze Menge guter Rollen. Als wir «Masse Mensch» von Toller spielten, kam der Intendant vom «Nationaltheater Mannheim», das damals einen großartigen Namen hatte. Er wollte sich eigentlich einen männlichen Kollegen ansehen, von mir wußte er gar nichts. In dem Stück «Masse Mensch» habe ich eine sehr aufrührerische Frau gespielt, eine Rolle, die mir sehr gelegen hat. Ich bin ja nicht gerade ein stiller Mensch, noch heute nicht, eher jemand, der sich wirklich einsetzt, wenn er von etwas überzeugt ist. Das war schon damals so, natürlich auch in den Rollen, die ich zu spielen hatte.

Die große Hebammenkunst

Sioli, der Intendant des «Nationaltheaters Mannheim» war für mich eine sehr interessante Erscheinung, er hat ausgesehen wie ein romanischer Mensch. Er war dunkel, etwas graue Schläfen – ein Herr. Ich hatte ihn noch nie gesehen, nur von ihm gehört. Nach der Vorstellung, ich saß in meiner Garderobe in Stuttgart, habe mich abgeschminkt, da klopft es. Herr Sioli trat ein.

«Ja, bitte, was wünschen Sie von mir?»

«Würde es Sie interessieren, nach Mannheim zu kommen?» Mein Gott, Mannheim, ein Nationaltheater! Es hatte damals einen sehr, sehr guten Ruf, hatte bedeutende Sänger, berühmte Kapellmeister, denn es war ja ein Dreispartenhaus. Von der Oper wußte ich sehr viel, vom Schauspiel weniger. Nur, daß Willy Birgel dort auch engagiert war seit vielen Jahren. Natürlich war ich interessiert, gar keine Frage.

«Können sie auch klassische Rollen?»

«Ich habe unzählige klassische Rollen gespielt!» Das mag heute merkwürdig klingen, wenn eine Siebenundzwanzigjährige das sagt, aber bei mir war es ja effektiv so. Ich erzählte ja von den Anfängen, zehn große Rollen in acht Monaten. Also an den Erfahrungen mangelte es nicht. Wir kamen ins Gespräch und trennten uns mit der Abmachung, daß er mit seinen Regisseuren sprechen wolle, denen sollte ich dann in Mannheim vorsprechen. Der eine Regisseur war Dr. Gerhard Storz, späterer Kultusminister von Baden-Württemberg, der andere Heinz-Dietrich Kenter, der später in Berlin ein großer Regisseur wurde.

Drei Tage später erhielt ich ein Telegramm, wann ich mit einer klassischen Rolle zum Vorsprechen ans Nationaltheater kommen sollte. Ich weiß nicht mehr, was ich vorgesprochen habe, vielleicht das «Klärchen», vielleicht das «Gretchen», irgendwas. Storz, Kenter und Sioli hörten mich an, danach sagte Sioli: «Wir haben noch drei, vier andere Damen, die wir kommen lassen, danach hören Sie von uns.» Kurz darauf kam ein Telegramm: «Engagiert als Erste Charakterspielerin.» Laufzeit des Vertrages drei Jahre.

Meine Güte, wie sollte ich das meinem Direktor Kraushaar beibringen, der ja erwartet hatte, daß ich dort bleibe. Mit klopfendem Herzen ging ich hoch zu ihm, denn ich mochte ihn ja auch, den Ur-Wiener Kraushaar. Da stand ich vor ihm, stolz, glücklich, aber dennoch mit zitternden Knien: «Herr Direktor, ich habe soeben mit Mannheim abgeschlossen.» Nun war es raus.

«Was haben Sie? Sie wollen an ein Staatstheater, an ein Beamtentheater? Wollen Sie Beamtin werden?»

«Nein, das wohl nicht, aber es ist eine große Sicherheit.» Diese Sicherheit bestand einfach darin, daß man ganze zwölf Monate bezahlt bekam, mit sechs Wochen Urlaub. Außerdem besagte eine Klausel, daß alles, was über hundert Vorstellungen pro Jahr hinausging, extra honoriert wurde, was ich bisher auch nicht kannte. Kraushaar war entsetzt über soviel materielles Denken, denn das konnte er mir in Stuttgart nicht bieten. Und natürlich war er enttäuscht.

Aber ich muß noch ein sehr wesentliches Ereignis aus meiner Stuttgarter Zeit erzählen. Ich hatte dort eine Freundin aus meinen Kindheitstagen, die war mit einem Neurologen verheiratet. Irgendwann lag sie im Krankenhaus, eine kleine Geschichte, und sie lag im Marienhospital. Ich besuchte sie, und dabei hat sie immer von einem Arzt gesprochen, der eine ganz große Persönlichkeit sei.

«Der würde dir so gut gefallen, das ist ein origineller Mensch, an dem du deine helle Freude hättest.» Als ich wieder einmal bei ihr war klopfte es, und draußen steht ein Arzt, andere Weißgekittelte um sich herum. Er wollte die Tür sofort wieder schließen, da sagt sie zu ihm: «Kommen Sie doch herein, Dr. Heyde.»

«Nein, nein, ich habe noch meine Visite zu machen.»

«Ach, kommen Sie doch nachher noch einen Sprung zu mir.» Und an mich gewandt: «Das ist der, von dem ich dir erzählt habe.»

Nach etwa einer Stunde war er da, wir wurden einander vorgestellt und haben sofort einen furchtbaren Streit miteinander gehabt. Es ging um Bürgerlichkeit, was er darunter verstand und wie ich das definierte. Wir lagen uns so in den Haaren, als würden wir uns schon viele Jahre kennen. Schließlich sagte er, er wolle mir ein Buch geben, da würde mir sein Standpunkt schon klar werden. Ich solle es mir bei ihm holen, wenn ich ginge. Ich kam in sein Zimmer und sah darin sehr gute Zeichnungen an den Wänden, dir mir außerordentlich gefielen.

«Wer hat die gemacht?» fragte ich. Da bekam er einen roten Kopf und sagte: «Ich!» Ich dachte: Wer so gute Zeichungen macht, in so einem Menschen steckt schon etwas drin. Aber zu ihm sagte ich: «Wenn ich das Buch gelesen habe, rufe ich Sie an.» Wir trafen uns also wieder, er kam ins Theater, hat mich abgeholt usw. Nach einem halben Jahr brachte er mich nach Hause, ging neben mir und sagte plötzlich: «Können Sie sich vorstellen, meine Frau zu werden?»

«Nein.»

«Dann werde ich so lange warten, bis Sie sich das vorstellen können.» Es dauerte noch ein dreiviertel Jahr, dann haben wir geheiratet. Unsere Tochter war schon unterwegs, was mir wenig ausgemacht hätte, obgleich das damals ja nicht gerade üblich war, ein Kind ohne Vater zu haben. Aber er wollte dem Kind einen Namen geben, er war in jeder Hinsicht ‹Bürger›. Und natürlich haben wir uns sehr gern gehabt, das war für mich sicher eine Voraussetzung dafür, überhaupt in diese Lage zu kommen.

Als das Angebot aus Mannheim kam, mußte ich ihn besänftigen. Die Entfernung war schließlich nicht groß, übers Wochenende konnte immer einer den anderen besuchen. Aber das ist nun mal der Beruf des Schauspielers, man darf sich nicht an einen Ort binden, wenn man weiterkommen will. Und ich wollte damals weiterkommen.

Vier Jahre war ich in Mannheim – eine wunderbare Zeit. Es waren ausgezeichnete Kollegen dort: Bum Krüger, Ernst Langheinz, Haubenreißer, Annemarie Schradiek, Willy Birgel. Außerdem hat mir die Stadt gut gefallen, das heißt das Publikum, die Bürger. Die Theaterbesucher waren unglaublich lebendig, sie gingen durch dick und dünn mit uns.

In Mannheim kam meine Tochter zur Welt, am 20. Oktober 1928. Ich habe da eine Rolle gespielt bis in den neunten Monat hinein. Das Stück hieß – wie sinnig – «Die große Hebammenkunst». Willy Birgel war der «Sokrates», ich die «Xanthippe». Wir hatten ein Bühnenbild mit einer Riesentreppe, so eine typische Jessner-Treppe, die von hoch oben runterging auf die Bühne. Und die Souffleuse saß jedesmal unten in ihrem Kasten mit gefalteten Händen, denn ich mußte die Treppe hinunterlaufen. Ich war so ausgestopft, daß man nicht sehen konnte, wie hochschwanger ich war, aber sie wußte es natürlich. Ich habe mich immer etwas am Geländer festgehalten, bin runtergelaufen, und wenn ich unten war, atmete sie hörbar auf. Dann fing die eigentliche Szene an. Alle waren sehr besorgt um mich, und alle waren natürlich ungeheuer stolz, als dann ‹ihr› Kind da war. Jeder wollte Pate werden, keiner von ihnen ist es geworden. Es hat mir natürlich sehr gut gefallen, von allen verwöhnt und verhätschelt zu werden. Warum sollten sie auch nicht lieb zu mir sein, ich war ja ein furchtbar netter Mensch, was ich heute nicht immer von mir sagen kann.

Vierzehn Tage nach der Geburt fingen die Proben zu «Toboggan» von Gerhard Menzel an. Darin spielte ich eine alte Frau. Es war ein in Rußland spielendes Kriegsstück. Der Autor wohnte in Berlin und kam zur Generalprobe nach Mannheim. Wir haben nach der Probe noch geredet, wie es üblich ist auf der Bühne, in Kostüm und Maske. Die Premiere war ein großer Erfolg, nachher gab es eine Feier. Ich saß zwischen meinem Intendanten Sioli und dem Regisseur des Stückes, Kenter. Mir gegenüber saßen der Autor und der Verleger. Wir sprachen miteinander, lachten, scherzten, diskutierten. Und ich merkte, wie der Autor dauernd suchend umherschaute, die ganze Tafel entlang, wieder zurück, ganz unruhig war er. Die anderen am Tisch bemerkten das auch, bis der Intendant schließlich fragte: «Was ist denn los, wen suchen Sie denn?» Da sagte er: «Ja, die Ida Ehre.» «Aber die sitzt Ihnen doch gegenüber.» Guckt mich an und sagt: «Jetzt verstehe ich, daß Sie ein Kind bekommen haben, aber bei der Darstellerin auf der Bühne schien mir das unmöglich zu sein. Der Intendant hatte mir davon geschrieben, daß wir deshalb die Uraufführung nach Dresden geben müßten. Und ich dachte, die Frau muß doch mindestens fünfzig bis sechzig sein, die diese Rolle spielt.» Er hatte mich, wie gesagt, bisher nur einmal gesehen, allerdings geschminkt, auf achtzig, neunzig Jahre alt geschminkt und mit Perücke. Er war so überrascht, daß er mir sofort noch ein Kind ‹erlaubte› – in meinem Alter. Es war ein tolles Stück, ein sehr bemerkenswertes Stück.

Es gab in der Mannheimer Zeit mehrere einschneidende Erlebnisse, wobei für mich sicherlich die Geburt meiner Tochter das Wesentlichste war. Der Arzt, der mich entbunden hat, sagte, es sei für ihn immer wieder ein großes Erlebnis, einen neuen Menschen auf die Welt zu bringen, und er sagte mir das, während ich gerade zu mir kam. Dann hörte ich mein Kind den ersten Schrei ausstoßen, und der Ton mischte sich mit den 12-Uhr-Mittags-Glocken. Der 20. Oktober 1928 war ein Samstag, ein sonniger Herbsttag. Dieser erste Schrei und das Läuten der Glocken – so etwas vergißt man nicht. Ich bin gläubig, deshalb hatte für mich dieses Ereignis natürlich auch eine besondere Bedeutung. Jetzt erstmal nur ein paar Worte zu Ruth, meiner Tochter. Ich werde noch ausführlich auf sie zurückkommen, weil sie ein wesentlicher, nein, ich möchte fast sagen *der* wesentliche Teil meines Lebens war und ist. Hätte ich meine Tochter nicht gehabt, deren Kosename ‹Sonnele› ist, was ja auch nicht von ungefähr kommt – ich weiß nicht, wie ich die schrecklichen zwölf Jahre verbracht und überlebt hätte, die über uns hereinbrachen.

Während meiner Mannheimer Zeit habe ich meinen Mann überredet, sich die Welt anzusehen. So fuhr er zwei Jahre als Schiffsarzt, zumeist gingen die Fahrten nach Südostasien. Einmal kam er wieder mit einem Karton unter dem Arm, ein Geschenk für mich. Ich dachte Gott weiß was, Seide vielleicht oder Jade oder andere Kostbarkeiten. Ich öffnete das Paket – und drinnen war ein kleines Krokodil. Ich weiß gar nicht was größer war, der Schreck oder das Erstaunen. Er hatte es von einem Jungen als ‹Dankesgabe› bekommen, als er ihm einen Splitter aus dem Fuß gezogen hatte. Nun ja, ich hatte also ein Krokodil, etwa dreißig Zentimeter lang. Wir nahmen einen großen Karton, taten in eine Ecke einen Blechbehälter mit Wasser, in die andere Sand und tauften es Lina. Die Kollegen halfen mir bei der Verpflegung. Es wurden Fliegen gefangen, Würmer gesammelt, denn dieser Hausgenosse fraß ja nur lebendes Futter. Ich mußte die Würmer oder was es gerade war, seitlich halten, denn die Augen eines Krokodils schauen zur Seite. Wenn es dann zuschnappte, hatte ich einen großen Respekt vor dem Gebiß, obgleich es noch sehr klein war. Eines

Nachts kam ich aus dem Theater, das Kinderfräulein war in hellster Aufregung. «Frau Ehre, das Krokodil ist aus dem Kasten gekrochen!» Wir suchten es, fanden es auch, und ich mußte es nun greifen. Was diese dreißig Zentimeter für eine Kraft hatten! Ich behielt Lina bis zu meinem Engagement nach Berlin, circa eineinhalb Jahre lang. Während dieser Zeit hatte es sich so an mich gewöhnt, daß es mir mit einem Laut antwortete, wenn ich den Namen rief. Der Zoodirektor von Mannheim, dem wir es dann vermachten, wollte mir das nicht glauben, er habe noch nie ein Krokodil ‹sprechen› gehört. Aber zu meinem Glück spielte das Tier mit, als ich es ihm beweisen wollte.

Eine Inszenierung in Mannheim war der «Hamlet», Titelrolle Willy Birgel, Regie Sioli. Ich spielte die Königin, war also in ‹in Wahrheit› um zehn Jahre jünger als mein Sohn, denn der Willy war damals Ende dreißig. Wir haben sehr viel darüber gelacht, wenn er mich irgendwo als seine Mutter vorstellte, und ich dann sagte: «Willy, wenn Du Dich nicht benimmst, kriegst Du ein paar hinter die Ohren. Das kann ich mir leisten als Deine Mutter.»

Es gab viele hübsche Erlebnisse, weil wir eine gute Gemeinschaft waren. Auch mit den Sängern waren wir sehr eng befreundet, es war damals die Bindernagel da und viele, viele andere Sänger, die später Karriere machten. Ich ging immer gern in die Oper, konnte mich begeistern für schöne Stimmen und hatte auch Erfolg damit, die Sänger für das Schauspiel zu begeistern. Ich war ein großer Operettengänger, weil diese Illusionen, die auf der Bühne dargeboten wurden, mich faszinierten. Der zweite Akt war stets der große Jammer, bei dem man nie wußte, wie sich das alles lösen sollte. Aber der dritte Akt muß gut werden, sie finden sich und alles ist bestens. Dieses ‹Strickmuster› hat mich gefreut, ich konnte mit den Helden leiden, mit ihnen strahlen. An die Jahre in Mannheim denke ich gern zurück. Viele damals entstandenen Freundschaften haben sich lange lebendig gehalten – teilweise bis heute. Aber auch in Mannheim hat man sich offenbar gern an die Zeit erinnert: 1960 wurde ich eingeladen, als Gräfin Attalie in der Uraufführung von Tankred Dorsts Komödie «Gesellschaft im Herbst» zu gastieren. Und später hat man mich mit dem Schiller-Preis der Stadt Mannheim geehrt.

Ich hatte damals eine sechzehnjährige Schülerin. Ich habe ihr abgeraten, Schauspielerin zu werden. Heute lebt sie in New York, ist glücklich und wir sind – ich denke, weil ich ihr abgeraten habe und ihr dadurch ersparen konnte, eine schlechte Schauspielerin zu werden – heute noch sehr befreundet.

Eines Tages bekamen wir einen neuen Intendanten. Maisch hat der geheißen. Er hatte nur noch einen Arm, ein strammer Mann. Seine Antrittsvisite war «Wilhelm Tell». Für uns war es der ‹Blitz-Tell›, so nannten wir ihn, weil die Vorstellung in eindreiviertel Stunden fertig war. Ich spielte die Stauffacherin. In meiner Rolle hatte ich den Satz zu sagen: «Ein Sprung von dieser Brücke macht mich frei.» Ich spielte diese Szene, Herr Maisch sagte: «Bitte, gnädige Frau, noch einmal.» Ich gnädige Frau machte es noch einmal und zum dritten Mal, und beim vierten Mal fragte ich ihn: «Entschuldigen Sie, Herr Generalintendant, was ist falsch?»

«Wissen Sie nicht, daß das ein Zitat ist?»

«Doch, das weiß ich.»

«Und wissen Sie nicht, daß man ein Zitat anders sprechen muß?»

«Nein», sagte ich, «das weiß ich allerdings nicht.»

«Na, hören Sie, ein Zitat muß man wie ein Zitat sprechen.»

«Wie meinen Sie das?»

«Das muß anders gesagt werden als sonst im Dialog. Dieser Satz muß hinausgerufen werden.»

«Ach so, das mache ich nicht.»

«Was», sagte er, «das machen Sie nicht? Wir unterbrechen die Probe.» Ich bin ins Konversationszimmer gegangen und wir haben geredet, ohne ihn natürlich.

Die Probe ging nicht weiter. Da kommt der Birgel zu mir – er spielte den ‹Gessler› –, fragt, was los ist. «Weil ich Palastrevolution mache.»

«Warum denn?» Ich erkläre ihm die Situation, meinen Standpunkt. Da sagt er: «Mensch, mach es doch wie er es will. Zur Premiere kannst du dann machen wie du es willst. Tu ihm den Gefallen, wir müssen doch weitermachen.» Da habe ich den Inspizienten zum Intendanten geschickt, die Probe könne weitergehen. Der Intendant kam, gebläht. Er hat sich hingesetzt, und ich habe den Satz ‹Ein Sprung von dieser Brücke macht mich frei› intoniert. Der Kollo wäre erstaunt gewesen, wenn er das gehört hätte. ‹Salto mortale› habe ich das genannt. Also, es war großartig. Die Premiere kam, ich sagte: ‹Ein Sprung von dieser Brücke macht mich frei› – wie eben ein Mensch das sagen würde. Die Bühne war riesengroß, der Intendant kommt mir entgegen und geht an mir vorbei. Ich hatte gesprochen, nicht deklamiert. Na schön, dachte ich, hast du mit Zitronen gehandelt. Die Kritiken schrieben: «Menschlich, erdgebunden und und und». Also hatte ich es doch wohl richtig gemacht. Wir spielten wieder die Vorstellung, er kommt wieder an mir vorbei und sagt: «Ich wußte, gnädige Frau, daß es ausgezeichnet war.» Am liebsten hätte ich ihm eine runtergehauen, diesem falschen Hund! Nun ja, viel, viel später kam die Revanche des ‹kleinen Mannes›: Ich hatte schon die Kammerspiele, Herr Maisch war Generalintendant in Köln. Wir gastierten mit «Die Troerinnen» von Euripides in der Werfelschen Bearbeitung, unter anderem auch bei Gründgens in Düsseldorf. Da schickte mir Herr Maisch seinen Adlatus und ließ anfragen, ob wir nicht auch bei ihm gastieren würden. Ich habe ihm ausrichten lassen: «Bitte, meine besten Grüße an Herrn Maisch. Ich kann leider nicht bei ihm gastieren, weil ich fürchte, er wird mir sagen, ich betone nicht richtig.»

Also, ich habe mich mit Maisch nicht gut verstanden. Er war ein völlig anderer Mensch als der Sioli, wir lagen einander nicht. So bin ich von Mannheim weg, 1931, und bin nach Berlin gegangen, in den blauen Dunst hinein, sozusagen, denn ich hatte dort zunächst gar nichts. Aber ich wollte nach Berlin!

Eines Tages erzählt mir der Agent, der mich betreut hat, im «Lessing-Theater» werde eine «Gräfin Terzky» gesucht. Ich ging hin und wurde für die Rolle engagiert. Luise Ullrich spielte die «Thekla». Julius Bab, der damals Kritiker war an einer der großen Berliner Zeitungen, schrieb: «Diesen jungen Menschen muß man sich merken.» Das war natürlich sehr wichtig für mich. Danach spielte ich den «Weibsteufel» im «Theater unter den Linden». Damals hatte man ja noch andere Möglichkeiten, Berlin war noch Berlin mit seiner Vielzahl von Theatern. Es war merkwürdig, denn obwohl ich am «Lessing-Theater» fest engagiert war, konnte ich auch an anderen Bühnen spielen, man hat mich immer angefordert. Am «Lessing-Theater» habe ich noch einen Nestroy gespielt, ich glaube es war «Einen Jux will er sich machen». Jedenfalls spielten wir im Wiener Dialekt, das lag mir ja von Natur aus. Danach brachten wir «Der Graue», ein Stück von Friedrich Forster. Das war wieder eine völlig andere Rolle. Es war schön, so vielfältig spielen zu dürfen.

1933 bekam ich noch einen Filmvertrag bei der ‹Tobis›, erhielt auch das Drehbuch, es wurden Probeaufnahmen gemacht. Ich glaube, wenn mir das geglückt wäre, wenn nicht die braunen Horden gekommen wären, die mir den Beruf verboten, hätte ich den Sprung ins Ausland geschafft. Aber so habe ich den Film nicht mehr machen können.

In der Berliner Zeit habe ich sehr viel Funk gemacht, unter anderem mit Werner Krauß zusammen im «Oberst Chabert». Ich habe Krauß damals geschrieben, ob ich mir aus dem Funkspiel eine Platte machen lassen könnte. Er schrieb, er würde sich freuen, wenn die mir das anfertigen würden. Sie haben es getan, ich habe die Platte heute noch. Der Intendant des Berliner Rundfunks, ein Herr Braun, war ein ungeheuer netter Mensch. Er war auch Schauspieler. Einmal spielte er an irgendeinem Berliner Theater das Märchen «Dr. Doolittle und seine Kinder». Er lud mich ein, mir das Stück mit Ruth anzusehen, sie war ja gerade drei oder vier Jahre alt.

«Komm hin mit deiner Tochter, ich werde sie von der Bühne her anreden.» Er sprach als «Dr. Doolittle» immer mit den Kindern. Er rief dann auch: «Ruth, bist du da?» Die Kleine war sehr erstaunt, hat «ja» gehaucht. «Du mußt lauter sprechen!» kam es von der Bühne, «ich kann dich nicht verstehen.» Sagt sie: «Meine Stimme ist zu kurz, deshalb verstehen Sie mich nicht, ich kann nur so kurz sprechen.» Großes Gelächter im Zuschauerraum.

Ein anderes Erlebnis mit der Ruth, das mir hier einfällt: Wir fuhren in der Straßenbahn in Berlin, uns gegenüber saß ein Mann. Ruth schaute ihn unverwandt an, und ich dachte schon «Mein Gott, jetzt wird etwas Furchtbares geschehen.» Sie hat damals schon, immer, so selbstverständlich Menschen angesprochen, sehr direkt. Schließlich sagt der Mann zu ihr: «Warum schaust du mich denn so an?» «Du hast einen so großen Nurrbart an den Lippen.» «Du meinst einen Schnurrbart.» «Ja, einen Nurrbart.» «Aber deshalb schaust du so? Hat denn dein Vater keinen Schnurrbart?» Sagt dieses Kind – ich hätte im Boden versinken mögen – : «Nein, da hat er keinen Nurrbart, aber am Brusterl und am Baucherl, da hat er viele Nurrbärte.» Mein Gott, war mir das peinlich, so daß ich an der nächsten Haltestelle mein Kind unter den Arm klemmte und ausstieg. Es gibt natürlich unzählige Geschichten mit der Ruth, sie war, ich sagte das ja schon, meiner Mutter sehr ähnlich in ihrem Humor, ihrer Art, Dinge direkt anzugehen. Aber das wird ein Kapitel für sich werden. Zunächst weiter, Berlin.

Eines Tages kam man zu mir, sagte, es gelten jetzt andere Gesetze, und man könne mich nicht weiter behalten. Sonst wäre ich in Berlin geblieben, denn die Kritiken waren wohlmeinend und erfolgversprechend. Ich denke schon, daß ich dort Fuß gefaßt hätte.

1933 gingen die Uhren anders

Ich packte meine sieben Sachen und ging nach Wien. Dort lebte meine Mutter, und noch hatte sich das großdeutsche Reich nicht ausgeweitet. Also, dachte ich, gehst erstmal da hin, wirst in Wien sicher auch spielen können. Viel Geld brauchte ich da nicht, ich konnte ja zu Hause wohnen. Ich ging also mit Sack und Pack nach Wien, suchte verschiedene Theaterdirektoren auf, zeigte ihnen meine Kritiken. Beim Rundfunk faßte ich zuerst Fuß, habe dort sehr viel gesprochen.

Aber dann kam mein Mann nach Wien, sagte: «Das hat gar keinen Sinn, denn die Nazis werden sich auf Dauer in Deutschland einrichten, und es geht doch nicht, daß ich dort bin und du hier in Wien. Wir wollen doch schließlich eine Familie sein. Ich werde jetzt meine Position als Oberarzt kündigen und mich um eine Praxis bemühen. Überleg du, wie es weitergehen soll mit uns.» Vierzehn Tage später schrieb er mir, er habe die Möglichkeit, sich in Böblingen niederzulassen, einer kleinen Kreisstadt in der Nähe von Stuttgart. Und er bat mich zu kommen. Ich packte also wieder meine Sachen, aber ehe ich ging, habe ich meinen Geschwistern geraten, Wien zu verlassen, weil ich überzeugt davon war, daß die Nazis auch nach Österreich kommen würden.

Ich ging also nach Böblingen und bekam dort einen Brief von der Bühnengenossenschaft, daß sie mich von ihrer Liste streichen müßten. Die Bayerische Versorgungsanstalt in München, eine Versicherung für

Bühnenangehörige, in die ich mein bisheriges Berufsleben lang eingezahlt hatte, mußte mich ebenfalls streichen. Allerdings bekam ich von denen meine eingezahlten Beiträge zurück, so daß wir das Geld hatten, die Praxis einzurichten. Nun warteten mein Mann und ich auf den ersten Patienten. Ich weiß es noch genau, der erste Patient war ein Mann mit einer dicken Backe, der sich nicht traute, zum Zahnarzt zu gehen. Er hatte ein großes Geschwür am Zahnfleisch. Mein Mann kam zu mir, sagte: «Komm, halt die Schüssel, ich schneide das Zahngeschwür auf.» Man kann sich kaum vorstellen, wie mir zumute war! Schließlich war ich medizinisch nicht im mindesten vorbelastet. Und natürlich hatte ich so etwas auch noch nie gesehen, und nun sollte ich die Schüssel halten, damit Blut und Eiter abfließen konnten. Ich war sehr mutig und tapfer, ging also mit der Schüssel in den Behandlungsraum. Allerdings – hingesehen habe ich nicht, weil ich Angst hatte, daß mir schlecht werden würde. Als alles vorüber war, bin ich zu meinem Mann gegangen: «Sag mal, bist du wahnsinnig geworden? Wie hast du den Mut gehabt, mich reinzuholen? Ich hätte doch hinfallen können, ohnmächtig werden!»

«Das hätte ich dir nicht erlaubt, mein liebes Kind. Daran wirst du dich gewöhnen müssen.» Ich habe mich dann auch langsam dran gewöhnt, habe im Labor gearbeitet, die Patienten bestrahlt. Er hat mir das alles beigebracht, und es ging auch ganz gut. Viel schwieriger war für mich die Sprache, dieser schwäbische Dialekt. Ich konnte ihn einfach nicht verstehen! Und dadurch entstanden die skurrilsten Mißverständnisse. Es hat eine lange Zeit gedauert, bis ich mich mit den

Leuten dort verständigen konnte. Wenn zum Beispiel nachts ein Patient läutete, ich das Fenster aufmachte und runterrief: «Ja, was ist los?» Kam die Antwort: «Der Herr Doktor soll nur glei komme, an Herr Zaunpfahl, an Herr Zaunpfahl.»

«Ja, was ist mit dem Herrn Zaunpfahl? Wo denn?»

«Am Käppele!» Ich habe meinen Mann geweckt, habe gesagt: «Du mußt da zu einem Herrn Zaunpfahl am Käppele. Kennst du den?» Er stand auf, ging ans Fenster: «Was ist los?» «Herr Doktor, komme Se nur glei, ein Herzeufall.» Tja, ein Herzanfall wars, ich habs nur nicht verstehen können. Solche Schwierigkeiten hat es öfter gegeben.

Ich hatte eine Wirtschafterin, da ich ja in der Praxis arbeitete. Die Wäsche wurde zu Hause im Zuber gewaschen. Und dann ging man mit einem Teil zur Heißmangel, das hieß in Wien «Wäsche rollen». Dieses Wort aber hat in Württemberg eine ganz andere Bedeutung, was ich natürlich nicht wußte. Ich ging also nach so einem Waschtag in die Stadt und in so einen Laden, der Wäsche mangelte.

«Entschuldigen Sie, wann könnte ich denn rollen kommen?» Da guckt die mich an und sagt: «Ja, das könne Se gleich.» Sag ich, ja, gleich will ich gar nicht. «Was frage Se denn, wenn Se nit glei wolle.» Ich dachte, ich war im Irrenhaus. «Ich würde gern morgen kommen.»

«Was wolle Se denn nu eigentlich?»

«Meine Wäsche rollen!» Da fing sie an zu lachen, bis sie mir erklärt hatte, welche Bedeutung dieses Wort hatte. Wenn ein kleiner Bub mal raus mußte, sagte man: «Er muß ein kleines Rollele machen.» Da verstand ich, warum sie mich so ungläubig ansah, als ich sagte, ich wolle morgen kommen. Lange hat es gedauert, bis ich all diese schwäbischen Feinheiten begriffen hatte. Wir hatten eine sehr große Wohnung damals in Böblingen. Ein Teil war die Wohnung, der andere Teil die Praxis. Eines Tages läutet es an der Wohnungstür, eine Frau steht draußen.

«Ischt hier ein Abe?»

«Nein, ein Abe ist nicht hier.»

«Aber es muß doch ein Abe hier sein!»

«Nein, ich kenne doch die Patienten, einen Abe haben wir nicht darunter.» Guckt sie mich an und sagt: «Noi, i mein doch, i muß mal, isch denn kein Abe hier?» Sie nannten also die Toilette ein Abe, ich nehme an, von Abort, aber woher sollte ich das wissen?

Bald hatte ich mich an die Sprache gewöhnt, konnte auch selbst so schwäbisch sprechen, daß ich noch zwanzig Jahre später sofort in diesen Tonfall kommen konnte. Als Herr Heuß Bundespräsident war, kam er auch in mein Theater. Er kam, bevor die Vorstellung begann, in mein Zimmer. Ich saß hinter einem Vorhang an meinem Schminktisch, da fragt er: «Wo ischt denn das Mädele?» «Ha noi, hier ischt das Mädele!» Und ich kam hinter dem Vorhang hervor. Das war mein später Erfolg mit dem schwäbischen Dialekt, dem ich der Tatsache verdanke, daß wir fünf Jahre lang im Schwabenland die Praxis hatten.

Keiner kann sich heute mehr vorstellen, wie das damals war mit den Nazis. Das ging schleichend, ganz langsam, nicht plötzlich. Das hat der Hitler ja wohl auch gewußt, daß er seine Ideen nur schrittweise umsetzen kann. Denn ich glaube, wenn gleich alles, was in seinem

Buch stand, umgesetzt worden wäre, dann hätten die Bürger revoltiert, weil sie nicht für möglich gehalten hätten, daß es das gibt.

Mein Mann war ein Beispiel dafür. Er war ein Deutschnationaler, durch und durch. Wir haben oft die furchtbarsten Kräche miteinander gehabt, weil ich ihm gesagt habe: «Wie kannst du daran glauben, wie ist das möglich, daß du daran glaubst?»

«Du wirst sehen, das wird alles nicht so schlimm, und Deutschland wird groß werden.» Er war ein Idealist, ein absoluter Idealist. Stutzig wurde er erst, als die Röhm-Affäre kam, weil er sich gesagt hat: Hitler spielt sich zum höchsten Gerichtsherrn auf, ohne Verhandlung wird Röhm einfach abgeschossen, niedergeknallt. Da stimmt etwas nicht.

Dann kam die «Kristallnacht», ich war schon im Schlafzimmer, und plötzlich fiel ein Stein durch das Fenster. Wir hatten vorher nie etwas gespürt von der Feindschaft gegen die Juden in Böblingen. Als der Stein hereinflog, ist mein Mann mit einem Freund, der gerade da war, hinuntergelaufen, um den Mann zu erwischen. Aber der ist davongelaufen. Dann kam mein Mann zurück und hat gesagt: «Du, wir bleiben nicht in Deutschland. Das ist nicht das Deutschland, das ich mir erdacht, erträumt und gewünscht habe. Die Praxis wird aufgegeben und wir sehen, wo wir hinkönnen.»

Wir hatten aber keine Möglichkeit, nach Amerika zu gehen, denn die Schwestern meiner Mutter, die schon vor Jahrzehnten ausgewandert waren, hatten schon so vielen Menschen geholfen, daß jetzt kein Geld mehr da war. So sind wir dann nach Hamburg gefahren, weil es dort die meisten Konsulate gab, die wir abklappern wollten und sehen, wo sich eine Möglichkeit ergeben könnte. Im Hotel Bismarck am Steindamm haben wir gewohnt und sind wirklich von Konsulat zu Konsulat gegangen. Wir kamen auch auf das chilenische. Mein Mann sah ja aus, wie sich Herr Hitler seine SS vorgestellt hat: blond, absolut deutsch. Die wollten uns schon einreisen lasse, aber Ärzte brauchten sie nicht. «Wenn sie mit dem Acker, mit dem Wald umgehen können, dann ja. Landarbeiter können wir brauchen.» Mein Mann kam wieder heraus, sagte: «Ich fahre jetzt nach Böblingen und werde sehen, ob mir der Bürgermeister bestätigt, daß ich Landarbeiter bin.» Ich hatte eine bessere Idee: «Deine Eltern haben am Chiemsee ein Bauernhaus. Du bist dort großgeworden. Frag dort nach dieser Bestätigung.» Und er fuhr dorthin, kam zurück und konnte sich als glänzender Landarbeiter ausweisen. Wir also noch einmal zum chilenischen Konsulat.

«Sind Sie beide Christen?»

«Ja.»

«Haben Sie Ihre Taufzeugnisse?»

«Oh Gott im Himmel, die haben wir vergessen.» Wir fuhren nach Stuttgart, wo mein Mann vor Böblingen Oberarzt an einem katholischen Krankenhaus gewesen war. Dort gab es natürlich auch einen Pfarrer, zu dem sind wir hin: «Sie müssen uns helfen, Hochwürden. Meine Frau ist doch keine Christin, das wissen Sie. Bitte stellen Sie ihr einen Taufschein aus.»

«Ja, selbstverständlich.» Als Christen sind wir wieder nach Hamburg gefahren, aufs Konsulat. Und wir bekamen ein Visum für Chile.

Es folgte der Abschied von Böblingen. Die Leute

konnten es nicht fassen: «Hier tut Ihnen doch niemand etwas, warum wollen Sie weg?»

«Weil ich nicht weiß, was weiter mit meiner Frau und meiner Tochter geschehen wird.» Einen Teil unserer Möbel haben wir verschenkt, einen Teil verkauft. Der Rest wurde in Möbelkisten verpackt. Mit zehn Mark in der Tasche durften wir auswandern. Ich habe damals einer Freundin nach England geschrieben, daß sie uns 100 Pfund auf eine Bank in Santiago schicken möge, sie würde es später zurückbekommen. So hätten wir wenigstens etwas gehabt, wenn wir angekommen wären.

An dieser Stelle möchte ich einen Teil meines Lebens erzählen, der eigentlich der nicht öffentliche, der private ist. Ich habe mich auch schwergetan mit dieser Entscheidung, diesen Abschnitt, der bis 1973 reicht, in dieses Buch aufzunehmen. Aber der Anfang der Geschichte hat mit den Zeiten damals zu tun, und die Fortsetzung zeigt mein Leben von einer bisher unbekannten Seite.

1934 sagte mein Mann, der wie gesagt überzeugter Deutschnationaler war, er könne mit mir keine Ehe mehr führen. Er würde mich und das Kind selbstverständlich nicht verlassen, aber als deutscher Mann könne er nicht mehr mit mir intim sein. Ich war ja noch jung und sagte zu ihm: «Du kannst aber von mir nicht verlangen, daß ich nun ohne Mann bleiben werde.» Da kam die sonderbare Antwort: «Das macht nichts, das kannst du ruhig tun.»

«Ja, aber wenn ich nun von einem anderen ein Kind bekomme?»

«Dann wirst du es bekommen und es ist unser Kind.» Es war völlig verdreht, was da in seinem Kopf vorging, aber es war seine Einstellung, und ich mußte sie akzeptieren.

Kurze Zeit später fuhr ich nach Davos, um Skilaufen zu lernen. Ich konnte übrigens ungehindert reisen, weil ich keinen Judenstern tragen mußte. Als ich in dem Hotel war, kam mir eine ganze Horde junger Menschen entgegen, die sehr fröhlich waren, eine Reisegesellschaft. Darunter war einer, der sah mich – und ließ mich nicht mehr los. Er hing an mir als wäre ich ein Magnet, schaute mich an wie hypnotisiert. Wir sprachen kein Wort miteinander. Als ich dann auf dem Idiotenhügel meine ersten Skiversuche machte, kam er den Hang heruntergesaust, blieb stehen und sah zu. Langsam kamen wir ins Gespräch. Es stellte sich heraus, daß er in Stuttgart lebte und in dem Geschäft seines Vaters arbeitete. Wir wohnten also nur 18 Kilometer voneinander entfernt. Wir trafen uns häufiger, ganz harmlos, und ich erfuhr, daß er 12 Jahre jünger war als ich. Ich fand das damals einen ungeheuren Altersunterschied – er 22, ich 34. Ein Kind in meinen Augen. Ich fuhr ab und bekam jedes Wochenende aus Stuttgart einen großen Blumenstrauß. Wir telefonierten miteinander, trafen uns auch in Stuttgart, aber es war nichts zwischen uns. Mein Mann wußte zwar von einem Freund Wolfgang, aber er dachte sich auch nichts dabei: «Lade ihn doch einmal zu uns ein.» Gut, ich habe ihn eingeladen, nach Böblingen zu kommen. Die beiden Männer lernten sich kennen und mochten sich. Mein Freund war ein sehr gescheiter, sehr witziger Schwabe, der eine große Gabe hatte, Karikaturen zu zeichnen. Wir waren also befreundet, nur so, denn ich empfand ihn wirklich noch als Kind. Es war dann zwei, drei Jahre später, als seine Eltern verreist waren, und er mich bat, ihn in Stuttgart in der Wohnung zu besuchen. Dort geschah es dann. Ich war die erste Frau in seinem Leben. Von da an wurde es ein herrliches Zusammensein. Jedes Wochenende kam er, mein Mann wußte zwar von unserem Verhältnis genau, tat aber so, als wisse er es nicht. Getrennte Schlafzimmer hatten wir von Anbeginn unserer Ehe, weil ich es nie ertragen konnte, so dicht beieinander zu sein. Als der Tag der Entscheidung für die Auswanderung kam, sagte Wolfgang, er komme mit.

Er war Christ. Ohne uns wollte er auch nicht in Deutschland bleiben. Da hat uns meine Wirtschafterin, eine Frau, die mir im Haushalt geholfen hatte, angezeigt. Sie hatte gehört, daß er mit auswandern wollte und hat uns bei der Gestapo gemeldet wegen Rassenschande – Wolfgang und mich. Er war mit uns in Hamburg gewesen wegen des Visums, mußte aber einen Tag länger warten. Wir waren schon wieder in Böblingen. Die Gestapo kam und holte mich nach Stuttgart. Gleichzeitig verhörten sie ihn in Hamburg. Wir hatten natürlich oft über diese Möglichkeit gesprochen und ausgemacht, was wir sagen würden.

«Hören Sie mal, sind Sie wahnsinnig» habe ich auf der Gestapo gesagt, «es ist doch verrückt. Ich bin verheiratet, mein Mann wandert mit mir aus. Dieser Mann, den Sie meinen, ist zwölf Jahre jünger als ich. Das ist einfach verrückt. Ich werde doch mit dem nichts anfangen.» Und genauso hat Wolfgang in Hamburg geredet: «Die Frau ist verheiratet, zwölf Jahre älter. Ich will mein Leben nur mal in einem anderen Land versuchen, das ist alles.»

Wir haben gepackt und sind auf einen kleinen deutschen Frachter gegangen. ‹Roda› hieß er. Wolfgang wollte erst in Antwerpen zusteigen. Dorthin kam auch Maria, die Freundin meines Mannes, um ihm ‹Lebewohl› zu sagen. Meinen Schmuck habe ich Wolfgang gegeben, denn wir durften ja nichts mitnehmen. Wir waren ungefähr zwanzig Passagiere auf diesem Schiff. Darunter auch eine Schweizer Lehrerin, die keine Jüdin war. Ihr Verlobter war Lehrer in Chile, den wollte sie heiraten. Mit dieser Frau haben wir uns sehr gut verstanden. Schläfli hat sie geheißen, ein typischer Schweizer Name. Sie wußte genau, was los war, wir haben ihr unsere Geschichte erzählt.

Als wir aus Antwerpen raus waren, waren wir alle ganz fröhlich, ganz glücklich. Mein Mann war noch skeptisch. «Erst wenn wir bei den Azoren sind, dann sind wir gerettet.» Er wußte genau, daß Krieg kommen würde. Er hat gesagt: «Wir müssen weg, bevor die Ernte eingeholt ist. Sowie die Ernte drin ist, gibt es Krieg.» Wir sind im August 1939 losgefahren, und als wir einen Tag vor den Azoren waren, kam der Kapitän herunter und sagte: «Ich habe ein Schreiben bekommen: Krieg. Sofort den nächsten deutschen Hafen anlaufen.» Das Schiff wurde verdunkelt, wir liefen wie der Fliegende Holländer zurück, ohne Positionslichter, nichts. Der Frachter wurde umgetauft in ‹Renja›, und die dänische Flagge lag für alle Fälle oben auf dem Kapitänsdeck. Man kann sich kaum vorstellen, was jetzt unter diesen Menschen passierte. Die Mannschaft, die Besatzung, alle drehten sich um hundertachtzig Grad.

Das war ein echter Schlag. Vorher waren sie freundlich, beflissen, auf Geschenke bedacht, obwohl wir ja alle nicht viel hatten. Das Radio spielte nun unentwegt Märsche und Reden. Die Besatzung wurde grob, ungeschlacht, fläzig. Wir waren wie benommen. Die Tage, in denen wir zurückfuhren, waren gespenstisch, unendlich gespenstisch.

Nun hatte ich auch noch diesen Schmuck, das ängstigte mich schon, ich dachte: Mein Gott, wenn du da jetzt ankommst, in Hamburg oder in Bremen, und die finden den Schmuck, dann bist du verloren. Ich sprach also mit der Frau Schläfli darüber und habe sie gefragt, ob sie mir meinen Schmuck in die Schweiz mitnehmen würde. Sie wollte zunächst zurück, um dann mit einem anderen Schiff nach Chile zu fahren. Selbstverständlich werde sie das tun, sagte sie. Ihr Vater sei Rektor, und der werde ihn für mich aufheben. Ich habe also aufgeschrieben, wie viele Stücke es waren, sie bekam eine solche Liste, eine behielt ich. Wir machten Stichworte aus, damit sie mir die Adresse ihres Vater schreiben und mir mitteilen konnte, wo der Schmuck dann war.

Die Schläfli ist also in die Schweiz gefahren, und eines Tages schrieb sie mir, ihr Vater habe nicht den Mut, die Sachen bei sich zu behalten, weil er Angst habe, es könne bei ihm eingebrochen werden. Also habe er den Schmuck einem befreundeten Fabrikanten gegeben, der Geldschränke habe. Und der bewahre das alles nun für mich auf. Gut, dachte ich, Hauptsache, der Schmuck ist in Sicherheit. Sie selbst ist dann wirklich nach Chile gefahren.

Kurz nach dem Krieg habe ich eine Freundin gebeten, mir den Schmuck zu holen. Charlotta von Pavel war Schweizerin, mit einem Deutschen verheiratet. Sie konnte ohne Schwierigkeiten sofort in die Schweiz. Ich gab ihr das Verzeichnis und bat sie, zu dem Fabrikanten dort zu gehen. Sie sollte ihm von mir ausrichten, daß ich, sowie ich in die Schweiz käme, mich erkenntlich zeigen würde für seine Hilfsbereitschaft. Sie fuhr also hin und als sie zurückkam, sagte sie: «Du, der hat gesagt, das hätte er alles verkauft, außer der Uhr hier, dieser Brosche und diesem Ring.» Ich konnte es nicht fassen. Mein Mann hatte mich immer sehr reich beschenkt. Der Schmuck war versichert für 30 000 Mark, eine Unsumme damals. Ich fragte: «Aber was hat er mit dem Geld gemacht?»

«Ja, er hat alles für 1000 Franken verkauft, und die liegen auf der Bank, weil er sich gedacht hat, es wäre vielleicht gut, wenn ihr dieses Geld habt, falls ihr noch mit einem anderen Schiff nach Chile fahren wollt.» Ich war wie vor den Kopf geschlagen. «Das kann doch nicht wahr sein, der hat den Schmuck doch gesehen, den kann er nicht für 1000 Franken verkauft haben, das ist unmöglich.»

1949, ich hatte schon mein Theater, fand eine internationale Bühnenvereinssitzung in Zürich statt. Präsident des Schweizer Bühnenvereins und Direktor des «Zürcher Schauspielhauses» war Dr. Oskar Wälterlin. Nach der Sitzung, beim Essen, erzählte ich ihm die Geschichte. Da guckte er mich an: «Was, ein Schweizer Bürger macht so etwas?» Er konnte es nicht fassen. «Ich werde Ihnen etwas sagen. Sie fahren jetzt hin zu diesem Mann und erzählen, Sie hätten mit mir gesprochen.

Und er soll Ihnen sagen, wem er den Schmuck verkauft hat.» In Wälterlins Intendantenzeit war sein Theater Sammelstätte vieler politischer Emigranten gewesen. Er war es auch, der zum Beispiel Dürrenmatt und Frisch entdeckt und gefördert hat.

Nachdem die Tagung beendet war, bin ich also nach Luzern gefahren, wo dieser Mann wohnte. Dort hieß es, er sei auf einer Sitzung in St. Gallen und bliebe dort zwei Tage: «Wo wohnt er in St. Gallen?»

«Da und da.» Gut, ich fuhr also nach St. Gallen in das Hotel, wo die Sitzung stattfand. Dort habe ich mich ins Vestibül gesetzt und auf ihn gewartet. Und als er irgendwann kam, habe ich mich vorgestellt und gesagt: «Frau Schläfli hat Ihnen damals meinen Schmuck gegeben, ich komme, um ihn abzuholen.»

«Ja, aber, hören Sie, ich habe doch der Frau von Pavel schon gesagt, ich habe den Schmuck nicht mehr. Der ist verkauft. Ich kann Ihnen die 1000 Franken geben, aber der Schmuck...» Ich blieb ganz ruhig.

«Wissen Sie, wieviel der Schmuck wert war? Ich würde Sie sehr bitten, mir zu erzählen, an wen Sie ihn verkauft haben.» Er stotterte herum, er müsse erst mit seiner Frau sprechen, außerdem gehe die Sitzung weiter. Ich wartete also, bis er wieder herauskam, und er lud mich zu sich nach Hause zum Abendessen ein. Er fuhr einen großen, wunderbaren Mercedes, hatte eine herrliche Villa. Das Stubenmädchen mit Häubchen und Schürze öffnete. An den Wänden hingen echte, teure Bilder. Ein sehr reicher Mann also. Was sollte der bloß mit meinem Schmuck angefangen haben? Der Tisch war mit Silber und Kristall gedeckt. Seine Frau, eine sehr nette Dame, saß mir gegenüber. Er eröffnete das Gespräch: «Diese Frau Heyde ist aber wirklich eine sehr zähe Dame.» Das fand ich nun gar nicht: «Warum nennen Sie mich zäh? Das ist nicht zäh. Ich bitte Sie nur, mir meinen Schmuck, der Ihnen zu treuen Händen übergeben wurde, zurückzugeben.»

«Ich habe ihn nicht mehr, das habe ich Ihnen doch schon gesagt.»

«Ja, das haben Sie mir gesagt, aber dann möchte ich wissen, wem Sie diesen Schmuck verkauft haben. Ich werde hingehen und werde diesem betreffenden Menschen sagen, worum es hier geht. Und ich könnte mir denken, er gibt ihn mir für die 1000 Franken, die er Ihnen bezahlt hat, zurück.» Es gab ein große Palaver hin und her. Ich erzählte ihm, daß ich mit Stadtrat Dr. Wälterlin darüber gesprochen habe. Das gefiel ihm natürlich nicht.

«Herr Stadtrat Wälterlin meinte nur: ‹Ein Schweizer Bürger würde doch nicht Ihren Schmuck verkaufen, den Sie ihm zu treuen Händen gegeben haben.›» Schließlich sagte seine Frau: «Nun gehe und hole den Schmuck heraus.» Er brachte ihn. Aus zwei Ohrringen hatte er Ringe machen lassen, ein Ring fehlte ganz.

«Darf ich wissen, wo das Inhaltsverzeichnis ist?»

«Ja, das habe ich ...»

Sagte ich: «Erledigt. Ich will gar nicht darüber sprechen. Lassen wir das, es ist ein Andenken an Ihre gutherzige Tat. Ich danke Ihnen, daß Sie mir den Schmuck aufbewahrt haben, und ich hoffe, daß ich nie wieder in eine solche Situation kommen werde.» Beide waren sehr verlegen. Damit habe ich mich verabschiedet. Ich hätte denen weiß Gott was gegeben, wenn es ehrliche Menschen gewesen wären. Er lebt heute noch, dieser Schweizer Bürger, der mich im Hotel in St. Gallen – nachdem ich ihm meinen Namen gesagt hatte – mit den Worten begrüßte: «Was, Sie leben noch?»

Du schaffst das schon

1939, nach Kriegsbeginn, wurde ich in Hamburg im wahrsten Sinne des Wortes an Land gespült. Wir kamen an und fragten uns, was wir wohl anfangen sollten. Was geschieht jetzt mit uns? Unsere kleine Tochter, die keine Ahnung von allem hatte, war fröhlich und vergnügt. Aber wir, die wir wußten – und nicht wußten, was geschehen würde, wurden selbstverständlich sofort von der Gestapo in Empfang genommen. In meinem Paß stand das große J und der Name Sarah Ida Heyde. Ich lebte in einer sogenannten ‹privilegierten Mischehe›. Wenn ein Christ eine Jüdin geheiratet hatte oder umgekehrt, und es war ein Kind da, galt man als privilegiert. Natürlich hat man meinem Mann immer wieder dringlichst nahegelegt, sich scheiden zu lassen. Er tat es nicht. Folglich war er ‹wehrunwürdig›, er ist nie Soldat gewesen. Er hat den ganzen Krieg hindurch Praxisvertretungen gemacht, man brauchte ja auch Ärzte für die Zivilbevölkerung. Meist hat man ihn nach Wilhelmsburg beordert, dort waren die Angriffe wegen des Hafens und der großen Fabriken sehr schlimm. Er hat mich, hat uns gerettet, durch seine Treue zu uns, und – wer weiß – vielleicht hat ihm das auch das Leben gerettet, weil er nicht Soldat werden mußte.

Mein Freund Wolfgang blieb zunächst ein paar Tage mit uns in Hamburg und fuhr dann zurück nach Stuttgart. Dort wurde er sofort eingezogen, nach Frankreich. Beim ersten Urlaub kam er nach Hamburg zu mir, ins Raphaelsheim. Nach ein paar Tagen sagte er, er müsse noch für ein, zwei Tage nach Berlin. Das Gepäck ließ er bei mir. In Berlin wohnte sein Bruder Albrecht, der dort als Ingenieur arbeitete. Es waren drei Tage vergangen, da kommt die Freundin meines Mannes, Maria, die ihn ans Schiff in Antwerpen begleitet hatte. Sie sollte mir ausrichten, der Wolfgang komme nicht wieder, sie solle sein Gepäck nach Berlin holen. Der Grund war der, daß sein Bruder ihm gedroht hatte: «Wenn du zu der Frau zurückfährst, zeige ich dich an. Ich will keine Scherereien in der Familie.»

Ich dachte, mich trifft der Schlag. Das konnte doch nicht wahr sein! Sie nahm also seine Sachen und fuhr wieder ab. Kurz darauf erhielt ich einen langen Brief von Wolfgang: Ich müsse das verstehen, er habe nicht den Mut zurückzukommen, denn sein Bruder mache die Drohung sicher wahr. Ich habe auf diesen Brief nicht geantwortet. Ich war so entsetzt, so gelähmt, daß ich meinte, die Welt gehe unter. Nach drei weiteren Wochen schrieb er mir, wie sehr weh ihm mein Schweigen getan habe. Ich wisse doch genau, außer mir sei niemand in seinem Herzen. Aber der Gedanke, bei der Rückkehr von der Front niemanden zu haben, mit dem er reden könne, habe ihn bewogen, Maria zu heiraten. Damit war für mich dieser Teil meines Lebens beendet. Ich kann nicht sagen, daß Wolfgang für mich ‹gestorben› war, das wäre falsch, aber ich zog innerlich einen Schlußstrich. Ich antwortete auf keinen Brief – bis schließlich auch keine mehr kamen.

Ich war also privilegiert und wurde deshalb nicht gleich verhaftet und abtransportiert wie so viele, viele andere. Ich bekam Essenmarken für die Familie, durfte einkaufen, durfte spazierengehen. Nur irgendwo mich hinsetzen, auf eine Bank, das durfte ich nicht, auch wenn ich keinen gelben Stern tragen mußte. Auf den Bänken stand: Für Juden verboten. Und wenn ich mich auf diese Bank gesetzt hätte und mir jemand gesagt hätte: «Sagen Sie, dürfen Sie hier eigentlich sitzen?» hätte ich sagen müssen: «Nein, eigentlich nicht.» Das wäre dann schon ein Grund gewesen, mich anzeigen zu können. Ich habe zwölf Jahre nicht ins Konzert, nicht ins Kino, nicht ins Theater gehen dürfen. Einige wenige Informationen bekam ich aus den Zeitungen, die mein Mann mitbrachte, aber was stand da schon drin! Diese geistige Verarmung hatten ja fast alle Kollegen zu erleiden, auch die jenigen, die weiter spielen durften. Es schmorte doch alles im eigenen Saft der ‹Blut- und Boden›-Stücke!

Wir standen also in Hamburg, fremd, ohne Wohnung, ohne Freunde, ohne Geld. Wir kannten die Stadt nicht, waren nur ein paarmal kurz dortgewesen bei unserer ‹Reise› durch die Konsulate. Am Hafen hatte man uns gesagt, es gebe das Raphaelsheim, das sei von katholischen Schwestern geführt. Eigentlich war das ein Auswandererheim für diejenigen, die von Hamburg mit dem Schiff wegwollten. Unsere großen Kisten blieben im Hafen, mit einem kleinen Köfferchen sind wir dorthin gegangen in die ‹Große Allee›, heute Adenauerallee. Mein Mann sprach mit der Schwester Oberin.

«Selbstverständlich bleiben Sie hier. Wir geben Ihnen ein Zimmer und dann werden wir weitersehen, was geschieht.»

«Wir können Ihnen im Moment aber kein Geld geben, wir haben keins.» Wir bekamen das Zimmer, es war winzig. Zwei Betten, ein Sofa, ein Tisch. Aber wir hatten erstmal ein Zuhause. Ich durfte kochen in dem Zimmer, auf einem kleinen Spiritusflämmchen, ich durfte meine Wäsche dort waschen. Die Nonnen waren außerordentlich lieb und sehr, sehr gütig. Mein Mann ist zur Ärztekammer gegangen und bekam seine erste Praxisvertretung für einen Kollegen, der eingezogen war. Er verdiente ein Mindesthonorar, etwa sechs- bis siebenhundert Mark. Mit diesem Geld auszukommen, für drei Menschen, dazu noch das Zimmer bezahlen, das war sehr schwierig. Wir erfuhren, daß es ein Amt für Familienunterhalt gab, in der Ernst-Merck-Straße. Da hat mein Mann zu mir gesagt: «Da gehst du jetzt hin und fragst, ob es eine Möglichkeit gibt, daß wir etwas mehr Geld bekommen.» Ich war entsetzt.

«Bist du wahnsinnig? Ausgerechnet mich schickst du auf Ämter?»

«Du machst das schon. Geh du da hin, du wirst das erreichen, was ich nie erreichen würde.»

Es ist schon interessant, wenn man mit solcher Sicherheit einem Menschen sagt «das schaffst du schon!». Also bin ich hingegangen, wurde an einen Professor Sievers verwiesen. Der kam aus dem Zimmer heraus, ein großer, unglaublich gutaussehender Mann. Ich ging ihm vielleicht bis in Brusthöhe.

Er sah mich an, sagte: «Bitte kommen Sie herein, gnädige Frau.» Der spricht mich so an, das kann also keiner von der braunen Horde sein, dachte ich. Ich fing an: «Ich möchte Ihnen sagen, daß ich in einer privilegierten Mischehe ...»

«Sie brauchen nicht weiter zu sprechen. Meine Schwester ist mit einem jüdischen Arzt verheiratet. Sie haben das große Glück gehabt, nach London zu kommen. Sie können mit mir reden wie mit Ihrem Bruder.» Wieviel Steine sind mir da vom Herzen gefallen! Ich habe ihm also unsere Situation geschildert, auch die finanzielle Lage. Er fragte nach Steuerbescheiden aus der Böblinger Zeit, damit er ersehen könne, was mein Mann verdient hat. Die hatte ich in der Tat in meinem Koffer im Raphaelsheim. Ich habe sie geholt, ihm vorgelegt. Mein Mann hatte ja eine sehr große Praxis gehabt und dementsprechend auch gut verdient. Professor Sievers wollte sehen, was er tun könne und mich dann in dem Heim benachrichtigen. Das tat er auch, nach acht Tagen erhielt ich Bescheid , daß wir 500 Mark mehr bekommen. Das war deshalb eine Rettung für uns, weil wir damals meiner Schwiegermutter immer Geld schicken mußten, und ich auch meine Mutter noch unterstützt habe. Leider konnte ich das nicht mehr lange, in Theresienstadt und im Tod braucht man kein Geld mehr.

Eines Tages wurden wir aus dem Hafen angerufen, von dort, wo unsere Möbel lagerten.

«Wir wollen Sie aufmerksam machen, daß sich die Gestapo hier angesagt hat. Übermorgen wollen sie kommen und kontrollieren, was hier an Gut ist und wem das gehört. Ich würde Ihnen dringend raten, eine Speditionsfirma zu suchen, die Ihre Sachen abholt und einlagert, sonst verlieren Sie alles.» Es fand sich eine solche Firma, aber nach ein paar Monaten riefen diese Leute auch an und sagten: «Herr Doktor, das hat hier keinen Sinn. Bei Kontrollen wird alles konfisziert werden. Sie müssen sehen, daß Sie eine Wohnung bekommen.» Aber woher sollten wir eine Wohnung kriegen, in der Zeit, wo nach und nach alles ausgebombt war, und dann mit mir? Zum x-ten Mal hatten sie meinen Mann von der Ärztekammer aus angerufen und ihm eine Scheidung nahegelegt. Die größte Praxis würde er dann führen können. Ich dachte: Wenn er sich von dir scheiden läßt, muß er an die Front, aber schnell. Das war ihm natürlich auch klar, und er beteuerte mir immer wieder, daß das für ihn nicht in Frage käme, auch wenn sie ihm sonst etwas anbieten würden. Nun hatte uns die Speditionsfirma gesagt, daß unsere Sachen dort wegmußten. Ich guckte in die Zeitung, fand eine Anzeige. In der Adolphstraße/Ecke Karlstraße war in einer Villa der oberste Stock zu vermieten. Mein Mann wollte, daß ich hingehe und versuche, die Wohnung für uns zu bekommen.

«Ich bitte dich, Bernhard, schick mich doch nicht immer. Du bist ein blonder Deutscher, dir werden Tür und Tor geöffnet sein.» Die Situation war grotesk, absurd. Er weigerte sich strikt, immer mit dem Hinweis, er könne so etwas nicht. Also bin ich hingegangen. Eine weißhaarige Dame öffnete mir. «Mein Name ist Heyde, ich habe gelesen, daß Sie eine Wohnung zu vermieten haben. Ich möchte gleich vorausschicken, ich lebe in einer privilegierten Mischehe.»

«Kommen Sie herein.» Ich folgte ihr ins Haus, ins Zimmer. Als wir saßen, forderte sie mich auf, zu erzählen. Sie hörte aufmerksam zu, dann sagte sie: «Das mag für Sie merkwürdig klingen, aber ich bin die stellvertretende Frauenschaftsleiterin von Uhlenhorst. Ich tue

45 Hamburg,
Leuchtfeuer von Ardrey

1946 in *Frau Warrens Gewerbe* von George Bernard Shaw

1946 in *Wir sind noch einmal davongekommen* von Thornton Wilder

ben
947 Hans Quest in
raußen vor der Tür
on Wolfgang
orchert

947 Ida Ehre
s Hekuba in
ie Troerinnen
on Euripides/Werfel

1947 Ida Ehre, John Olden, Hilde Krahl

1947 Willy Maertens, Ida Ehre in dem Käutner-Film *In jenen Tagen*

a Ehre inszeniert

52 in Brechts *Mutter urage* mit Richard ünch, Hilde Krahl

1980 als Sarah Bernhardt in *Memoirer*
von John Murrell
1977 in *Die Irre von Chaillot* von Jean
Giraudoux *(links)*

Rechte Seite
1982 mit Werner Hinz in *Einmal
Moskau und zurück* von Alexander
Galin
1984 nach der Vorstellung von *Gigi*
in der Garderobe

1983 Empfang *Künstler für den Frieden* mit Harry Belafonte

1984 Ernst Fuchs zeichnet sein Porträt für Ida Ehre

das aber nur, damit mein Mann geschützt ist. Er ist Mitglied in einer Loge, Freimaurer. Wundern Sie sich nicht, wenn meine Kinder in HJ-Uniformen hereinkommen. Sie sind alle brave HJ-Kinder. Ich habe sie dort hingeschickt, weil es wichtig ist für uns. Mir ist es ganz gleich, was Sie sind. Schauen Sie sich die Wohnung an. Wenn Sie sie haben wollen, können Sie einziehen.» Ich saß mit großen Augen da, wie in einem Traum. Die Wohnung gefiel mir, der Preis war gerade noch erschwinglich. Es mag unglaublich klingen, aber auf diese Weise bekamen wir ganz schnell eine Wohnung, in der wir bis Kriegsende bleiben konnten. Im Raphaelsheim hatten wir ungefähr ein Jahr zugebracht.

In der neuen Wohnung ergaben sich natürlich die makabersten Situationen, denn es gab dort nur das Telefon für meinen Mann, der das als Arzt ja brauchte, weil er immer wieder geholt wurde. Über dasselbe Telefon hat dann auch immer die Frauenschaftsgruppe angerufen, wenn sie etwas von der Frau Walter, so hieß die Wirtin, wollte. Es war ein gutes, ein einvernehmliches Verhältnis zwischen uns. Sie nannte mich «Tante Doktor» und duzte mich. Für mich war sie «Frau Walter» und immer per Sie.

Ich rief manches Mal hinunter «Frau Walter, Ihre Frauenschaftsgruppe möchte Sie sprechen!» Sie kam hoch, war bei dem Telefongespräch ganz Frauenschaftsführerin, wenn sie in die Muschel sprach. Hatte sie unten Besuch, warnte sie mich vorher: «Tante Doktor, du mußt heute nicht herunterkommen, da kommt nämlich heute der und der und wird so und so lange bleiben. Laß dich möglichst nicht sehen.»

Ich weiß nicht, wie ihr wirklich ums Herz war. Aber im Laufe der Jahre wurde sie immer zutraulicher, immer offener. Eines Tages kam ein SD-Führer zu ihr, der in der Karlstraße wohnte. Ich kannte ihn, seine Tochter war oft bei meiner Tochter, weil sie in dieselbe Klasse gingen. Häufig haben sie gemeinsam gefrühstückt. Man stelle sich das vor! Schließlich erfuhr der Herr Vater, daß meine Tochter ein ‹Mischling› ist, da untersagte er die Besuche bei uns. Dieser Mann kam eines Tages, ich war natürlich oben geblieben, aber als er weggegangen war, kam Frau Walter herauf: «Der hat eine Mission, der muß jetzt nach Lidice, in die Tschechei.» Es war einer der Männer, der Lidice ‹im Namen des Führers› ‹ausradiert‹ hat. Nach dem Krieg hat er sich versteckt, aber man hat ihn gefunden. Im Gefängnis ist er dann gestorben.

Es ist unmöglich, alles zu erzählen, was in diesen schrecklichen Jahren geschehen ist. Einzelerlebnisse fallen mir ein, kurze Streiflichter. Aber alles zusammen hat mich geprägt.

Als ich in Fuhlsbüttel in Haft war, traf ich dort eine ganz blonde Frau, die war evangelisch, hatte im Kirchenchor gesungen. Ich fragte sie: «Wie kommen Sie hier herein? Was machen Sie hier?»

«Ich bin Jüdin von Geburt, aber ich wurde sofort getauft. Mein Mann ist Lehrer, und man hatte in unserer Kirche einen Chor zusammengestellt. Ich habe eine gute Stimme, und da habe ich mitgesungen. Jahrelang schon. Neben mir war eine Frau, die wollte immer die Soli singen, aber ich habe sie bekommen. Sie hat mich angezeigt, daß ich eigentlich eine Jüdin bin.» Das sind so winzige Dinge, an denen Menschen zugrunde gehen mußten. Wie eine Daunenfeder, die man weggeblasen hat, sind Leben ausgelöscht worden.

Nicht die vierzig Jahre Theater nach 1945 haben mich geprägt, sondern diese Zeit damals. Rückblickend ist alles wie ein Theaterstück gewesen: Diese vielen Menschen in ihrer ungeheuren Verzweiflung, mit ihren unendlichen Hoffnungen, ihren Wünschen, ihrer schrecklichen Lethargie. Das Leben war vielleicht nicht einmal intensiver für mich als heute, aber einschneidender. Die menschlichen Erfahrungen waren wesentlicher, wichtiger, wertvoller als das Theater.

Ich habe das Theater damals nicht vermißt, ich kann nicht sagen, daß ich darunter gelitten habe, nicht auftreten zu dürfen. Um mich herum spielte sich greifbareres Theater ab, es war viel schrecklicher in seiner Echtheit, seiner Nähe zum Menschen. Ich habe mich geschämt, als die Frauen um mich herum – in den Wochen in Fuhlsbüttel – diese kardinalsroten Zettel in der Hand hielten, ihre Deportationsbefehle, unterschrieben von Herrn Kaltenbrunner. Ich habe mich geschämt, daß ich nicht auch abtransportiert wurde. Wie hätte ich in einer solchen Zeit Theater spielen können? Und in was für Stücken?

Die vierzig Jahre «Kammerspiele» nach dem Krieg haben nicht solche Einschnitte verursacht in meinem Leben. Diese Jahre waren für mich unendliche Freude, unendliche Sorge, aber ich brauchte keine Angst mehr zu haben. Angst hatte ich in all den Jahren der Barbarei, der Tyrannei. Ich bin kein Held, bin nicht der Ansicht, mir könne nichts geschehen.

Vielleicht liegt meine Haltung an meinem Glauben. Ich war und bin ein tiefreligiöser Mensch. Ich rief damals bei meiner Mutter in Wien an, als sie noch nicht weg war, und sagte: «Mutti, wie wird das eigentlich werden?» Dann antwortete sie: «Mach dir keine Sorgen, Gott hat einen größeren Kopf, mein Kind. Sorg du dich doch nicht um das, was werden wird. Das wird schon zu Ende gehen.» Sie hat mir den Mut gegeben, immer daran zu glauben, daß es vorbei geht, und daß ich vielleicht überlebe. Meine Mutter hat es nicht überlebt. Eines Tages – die Nazis hatten längst auch Österreich überrollt – spürte ich den Zwang, nach Wien zu fahren. Von einer Nachbarin erfuhr ich, daß meine Mutter von der Gestapo abgeholt worden sei. Was das für mich bedeutete, kann ich nicht beschreiben. Ich erfuhr, daß man sie in einer Schule abgeliefert habe. Die ganze Nacht bin ich dort herumgeschlichen, immer in der Hoffnung, irgend etwas zu erfahren, sie vielleicht zu sehen. Am nächsten Morgen fragte mich ein Mann: «Was tun Sie hier? Ich beobachte Sie schon seit Stunden.»

«Ich suche meine Mutter, sie soll hier in der Schule sein.»

«Wie heißt Ihre Mutter?«

«Bertha Ehre.»

«Ich will sehen, was sich machen läßt. Vielleicht kann ich Ihnen helfen.» Nach ein paar Stunden kam er wieder heraus, brachte mir einen Zettel von meiner Mutter. Darauf stand: «Mein geliebtes Kind, die Welt kann nur miteinander leben, wenn das Wort Liebe groß geschrieben ist. Liebe und Toleranz – nicht hassen, nur lieben.» Mir verschwammen die Worte vor den Augen. Dann hörte ich den Mann sagen: «Sie ist im ersten Stock, das Fenster ist offen. Aber sie muß in der Mitte des Zimmers stehenbleiben.» Ich habe sie gesehen, ganz kurz. Wir warfen uns eine Kußhand zu, dann ging sie wieder zurück. Ich fragte den Mann, ob er wisse, wann der Transport losgehe: «Heute vormittag.» Ich wartete, weil ich meine Mutter auf einem der Lastwagen zu entdecken hoffte. Schließlich sah ich sie, hoch aufgerichtet zwischen all den anderen armen Menschen. Ich hörte noch ihre Worte: «Auf Wiedersehen, meine geliebten Kinder.» Sie wurde in Theresienstadt umgebracht.

Ich habe so unendlich viel von meiner Mutter gelernt, habe immer versucht, nach ihren Worten zu leben: Liebe und Toleranz – nicht hassen, nur lieben.

So habe ich in all der Zeit niemals ernsthaft geglaubt, daß ich das alles nicht überlebe. Es war wohl auch eine Art Fatalismus in mir, ich weiß es nicht. Aber auch mein Kind hat mir Kraft gegeben, denn ich wußte, wofür ich leben soll. Ich war nie hoffnungslos, im Gegenteil! Wie ich es geschafft habe, auch als ich eingesperrt war, Hoffnung zu geben? Wie oft verfolgt mich heute noch die Erinnerung an die junge Frau, der ich den Arm abgebunden hatte, damit ihr Selbstmordversuch nicht gelang. Ich hatte versucht, sie am Leben zu halten.

Ein Gefühl, das ich vor dem Krieg gar nicht kannte, ist das Mißtrauen. Wie viele Menschen sind seitdem um mich herumgeschlichen, haben mich angelächelt und schön getan. Ich sagte mir: Gott im Himmel, was waren die früher? Wie waren die früher? Hätten die mich früher auch nur angesehen? Es ist nicht so, daß ich mir sage: «Na, denen gibst du es» oder: «Ich kenne Euch, ich durchschaue Euch.» Es tut mir einfach weh, daß ich so denken muß, sehr weh. Denn ich bin nicht so erzogen worden.

Ich erinnere mich in diesem Zusammenhang an ein Erlebnis aus meiner Kindheit. Wir waren ja nicht begütert zu Hause, aber wenn ich auf der Straße gespielt habe, und ich habe einen Bettler gesehen, dann habe ich ihn sofort an die Hand genommen und hinaufgebracht zu meiner Mutter. Wenn sie gerade eine Suppe gekocht hatte, bekam er einen Teller Suppe, wenn nicht, hat er zehn Kreuzer bekommen. Das war für uns viel Geld. Dann ist er hinuntergegangen, ich hinterher, und ich habe mich gefreut, daß ich Erfolg gehabt habe. Ein paar Häuser weiter war ein Branntweinladen, dort ging er hinein. Er kaufte sich ein Stamperl Branntwein, ich war entsetzt, bin zu meiner Mutter gelaufen: «Der hat zehn Kreuzer von Dir bekommen, und die geht er vertrinken!» Die Antwort meiner Mutter: «Mein Kind, das ist nicht mehr mein Geld, das ist sein Geld. Und mit seinem Geld kann er machen, was er will. Da hast Du gar nichts zu zu sagen.» In dieser Art bin ich aufgewachsen in meinem Mutterhaus.

Mißtrauen habe ich nie gehabt, gegen niemanden. Aber es ist entstanden in der Zeit damals und bis heute gewachsen. Das ist schlimm für mich. Wenn jetzt Leute zu mir kommen und sagen: «Frau Ehre, wollen Sie nicht bitte in den Vorstand hier hinein. Da ist ein Altersheim, das wir vergrößern wollen, und es ist leichter, etwas zu bewirken, wenn jemand mit einem populären Namen dahintersteht», sage ich: «Selbstverständlich mache ich das.» Dann erzähle ich das meiner Tochter, die ja aufgrund ihres Alters schon die Nazizeit ganz anders erlebt hat als ich und überhaupt noch nicht darüber weg ist. Sie sagt dann: «Mutti, wie kannst du so etwas machen? Wie kannst du in den Vorstand eines Altersheimes gehen? Weißt du denn, wieviel Nazis es unter denen gab? Weißt du denn, ob es nicht einer von denen war, der dich angezeigt hat, damit du nach Fuhlsbüttel kommst? Wie kannst du so etwas machen? Wenn das Säuglinge wären, Verletzte, Spielplätze für Kinder – all das ja. Aber doch nicht für ein Altersheim!» Wenn dann die Herren wiederkommen und ich ihnen sage, ich hätte mir das überlegt, ich könne auf ihr Angebot nicht eingehen, dann sind die sehr betreten. Und auch für mich ist das schrecklich.

Zum Glück aber sind damals nicht alle meine positiven Empfindungen zerstört worden. Zum Beispiel habe ich nie gelernt zu hassen. Ich finde, das ist ein so absolutes Gefühl, so wenig konstruktiv, so endgültig. Auch das habe ich meiner Mutter zu verdanken. Wenn ich mal sagte: «Ach, hol den doch der Teufel!», dann antwortete sie: «Wünsch so etwas nicht, vielleicht hat Gott gerade ein offenes Ohr und erhört dich. Willst du das wirklich?»

Ich bin sehr angegriffen worden, als ich nach dem Krieg mein Theater eröffnete und diese ersten Riesenerfolge hatte. Die Intendanten aus ganz Deutschland sind gekommen, um sich unsere Stücke anzusehen. Die Angriffe aber kamen aus dem Ausland, von jüdischen Menschen: «Wie können Sie in Deutschland, in diesem Deutschland, in dem Sie so viel verloren haben, arbeiten?» Dagegen habe ich mich verteidigen müssen, mich wehren gegen diese Verallgemeinerung. An Leuten, von denen ich wußte, daß sie stramme Nazis waren, bin ich einfach vorbeigegangen, ich habe ihre freudige

Begrüßung überhaupt nicht gesehen. Warum sollte ich zu diesen Menschen hingehen und sagen: «Sie Nazischwein!» Was habe ich davon? Gar nichts.

Nach dem Krieg gab es viele Prozesse gegen die Kriegsverbrecher. Eines Tages erhielt ich ein Bild von einer Holländerin, die damals mit mir in diesem Saal in Fuhlsbüttel war. Sie hatte Auschwitz überlebt. Das Foto zeigte sie nach der Befreiung als Knochengerippe, wie eine Stecknadel so dünn. Sie hat mir geschrieben: «Ich weiß, daß Sie jetzt ein Theater in Hamburg aufgemacht haben. Gegen die und die Frau wird jetzt der Prozeß angestrengt. Sind Sie bereit auszusagen, daß diese Frau geprügelt hat?» Da habe ich ihr geschrieben: «Ich kann nicht gegen diese Frau aussagen, daß sie geprügelt hat. Ich habe es nicht ein einziges Mal gesehen, und ich kann nicht etwas bezeugen, was ich nicht gesehen habe.» Die Frau, gegen die ich aussagen sollte, hatte mich tatsächlich nie geschlagen, ich hatte es auch wirklich niemals gesehen. Mein Erlebnis mit ihr war folgendes, was wieder dieses Unverständnis bei mir hervorruft, dieses Ineinanderfließen von schwarz und weiß.

Meine Tochter hat mir damals jede Woche ein Paket nach Fuhlsbüttel gebracht, es war immer jemand dabei, wenn es aufgemacht wurde. Eines Tages war diese Frau an der Reihe. Die Pakete wurden außerhalb des Saales geöffnet, ein paar Stufen waren da. Dort mußte ich das Paket abstellen: «Machen Sie es auf!» Natürlich zitterte man immer dabei, vor lauter Aufregung, weil es etwas von Zuhause war. Das ging ihr nicht schnell genug: «Beeilen Sie sich, oder soll ich Ihnen vielleicht eine langen?» Ich habe nichts erwidert, das Paket geöffnet, drinnen fand ich einen Apfel, auf dem stand: «Mutti, ich liebe Dich. Dein Kind.» Ich mußte lachen, soviel Freude war in mir. Ich drehte den Apfel um, zeigte ihr die Schrift. Da sah sie mich an, und ihr Gesicht veränderte sich völlig. Natürlich liefen bei mir Tränen. Ich habe mich geeilt, den Apfel wieder zurück zu tun, da sagte sie: «Sie brauchen sich nicht zu beeilen.» Wie sollte man so etwas begreifen.

Sie hatte mich nicht geschlagen, also konnte ich es auch nicht bezeugen. Ich erhielt bald darauf einen empörten Brief von dieser Holländerin, die mit mir in Fuhlsbüttel war. «Sie hätten ins KZ gehört», schrieb sie. «Sie hätten das mitmachen müssen», usw. Ich kann wohl verstehen, daß sie mir das geschrieben hat, weil das, was sie durchgemacht hat, gewiß mehr als schrecklich war. Aber ich hätte diese Zeugenaussage dennoch nicht machen können, obwohl ich davon überzeugt bin, daß sie geschlagen hat – aber ich habe es nicht gesehen.

Am Tag der Kapitulation stand ich mit meiner Tochter in unserer Wohnung, mein Mann war noch in der Praxis in Wilhelmsburg. Da zogen die Engländer durch die Adolphstraße mit großen Panzern. Unsere Fenster mußten geschlossen bleiben, ein junger Soldat oder Offizier schaute herauf, lachend. Er sah uns da stehen, meine Tochter und mich, und wischte mit dem Zeigefinger unter seiner Nase entlang. Ich dachte, wie recht hast du, wie furchtbar ist das Ganze und wie traurig. Wir waren von diesen Teufeln befreit, aber was hat es gekostet? Ströme von Blut, unsagbares Elend. Gefühl von Freiheit? Ich glaube, das hatte ich bei dem Satz «Heyde, Sie sind frei» eher, weil es etwas Faßbareres für mich war.

Ein paar Tage zuvor, nach dem Selbstmord Hitlers,

wurde durch den Volksempfänger von Dönitz verkündet, der Führer sei für die Freiheit, für das Vaterland gestorben. Wir saßen im Luftschutzkeller, gemeinsam mit unserer Hauswirtin und ihren Kindern in den HJ-Uniformen. Da sagte ich zu ihr: «Ach, das tut mir aber schrecklich leid, daß Ihr guter Führer gefallen ist. Es ist wirklich traurig, da kann man eigentlich nur weinen.» Meine Tochter saß neben mir, ich drückte ihr die Hand, womit ich nur sagen wollte: «Fang nicht an zu lachen.» Sie wußte genau, was ich meinte. Und die Frau Walter auch. Ich sagte das ihrer Kinder wegen, die ja noch keine Ahnung hatten, was sich abgespielt hatte. So gab es immer wieder auch makabre, komische Seiten an dem Geschehen.

Theater der Menschlichkeit

Ich habe nie daran gedacht, ein Theater aufzumachen. Es hat mir immer genügt, Schauspielerin zu sein. Und das wollte ich jetzt natürlich wieder sein dürfen. Es gab viele Kolleginnen und Kollegen, die mich noch aus meinen früheren Engagements kannten, aus Mannheim, Stuttgart, Berlin. So wurde ich gleich 1945 ans «Deutsche Schauspielhaus» engagagiert für Hofmannsthals «Jedermann». Es wurde aufgeführt in der St. Johannis-Kirche in Harvestehude. Ich spielte die Mutter. Ich war noch sehr mißtrauisch, sehr ungläubig, hatte mich noch nicht reingewaschen von den braunen Jahren. Die Kollegen waren zum Teil schüchtern mir gegenüber, weil sie nicht wußten, wie sie sich verhalten sollten. Aber während der Arbeit kamen wir langsam in viele Gespräche. Sie fragten mich, wie ich mir ‹heutiges› Theater vorstellen könnte. Ich war selbst überrascht, was mir da eingefallen ist, hätte mir selbst gar nicht zugetraut, richtige Gedanken zu haben. Und ich kam ins Träumen: Wie schön es wäre, wenn man das Theater machen könnte, das zwölf Jahre lang gefehlt hatte. Fast möchte ich es ein ‹Theater der Menschlichkeit› nennen, ein ‹Theater des guten Willens›, ein Theater, das einen Weg zeigt, wie man aus diesem entsetzlichen Druck wieder herauskommt.

Wir redeten sehr viel miteinander – manche waren vorsichtig mir gegenüber, hatten möglicherweise ein schlechtes Gewissen wegen ihres eigenen Verhaltens während der gerade vergangenen Jahre. Ich aber wollte mir mein Vertrauen in die Menschen nicht zerstören lassen, wollte nicht anders denken als ich es von klein auf gewohnt war.

Ich wurde also bedrängt, ein Theater aufzumachen. Es war effektiv so: Sie, die Kollegen, drängten mich, und sie wollten dann alle bei mir spielen. Ich war echt erstaunt. Kann man wirklich Menschen in so kurzer Zeit überzeugen, was man ist, was man sich denkt? Sie haben mir so viel Vertrauen entgegengebracht, daß ich langsam anfing, mir selbst zu vertrauen, denn in mir war doch ziemlich viel zersprungen. Und durch die Gespräche mit den Kollegen wurden diese Sprünge langsam gekittet. Ich weiß gar nicht, ob ich mir lange das Für und Wider überlegt habe, oder ob es nicht vielmehr Intuition war, eine gefühlsmäßige Antwort auf das Vertrauen, das mir entgegengebracht wurde. Ich dachte, probier's halt, was kann denn schon passieren?

Während der Nazizeit war einmal eine Freundin bei mir und hat mich gefragt, ob ich bei ihr zu Hause etwas kochen würde. Ich konnte und kann das sehr gut, denke ich. Jedenfalls tat ich das und lernte dort einen Herrn Erich Rohlffs kennen, einen theaterbegeisterten Grundstücksmakler. Seitdem sahen wir uns häufiger. Er war auch mit vielen Kollegen befreundet – Theater war seine Passion.

Ich erzählte ihm von dem Gedanken, ein Theater aufzumachen, und er war sofort Feuer und Flamme. «Da mache ich mit, ich übernehme den kaufmännischen Teil.»

Ich ging zu den Engländern an der Rothenbaumchaussee, zur ‹Theaterabteilung›. Der Theateroffizier war John Olden, der spätere Mann von Inge Meysel. Er empfing mich sehr englisch – höflich, distinguiert. Ich radebrechte auf englisch, bis ich merkte, daß sein Englisch einen österreichischen Einschlag hatte. Da fragte ich auf deutsch: «Sagen Sie, sind Sie Wiener?» Er lachte und bejahte es. Von diesem Moment an wurden wir Freunde. Jedenfalls erzählte ich ihm von meinen, von unseren Absichten, ein Theater aufzumachen, und er versprach, sich Gedanken darüber zu machen, wie er uns helfen könne.

Nach einigen Tagen sprachen wir noch einmal miteinander, und er hatte einen Vorschlag: In der Hartungstraße gebe es ein Theater, in dem die Engländer Kabarett machen. Das sei aber ohnehin schlecht besucht, so daß sich eventuell die Möglichkeit ergebe, dieses Theater zu bekommen. Ich war natürlich begeistert, und die Kollegen, mit denen ich jeden Abend den «Jedermann» spielte, auch. Es dauerte wieder ein paar Tage, da rief John Olden an und teilte mir mit, er habe die Bewilligung, ich könne mit Erlaubnis der englischen Militärregierung das Theater haben.

Wir machten einen Vertrag, und ich stand da mit einem Theater, das noch keinen Namen hatte, und zehn nackten Fingern. Ich brauchte einen Dramaturgen, der mir half, Stücke zu lesen, denn wir hatten ja alle keine Ahnung, was sich in all den Jahren im Ausland getan hatte. Ich mußte sofort Schauspieler engagieren, ohne einen Pfennig in der Tasche. Ich brauchte einen Bühnenbildner, brauchte Holz, Stoffe, Leinwand, Farben – alles, was man eben braucht, um eine Vorstellung überhaupt entstehen zu lassen.

Das erste Stück, das wir uns ausgesucht haben, war

Leuchtfeuer

Schauspiel voı Robert Ardrey

Inszenierung: Robert Michal
Bühnenbild: Otto Gröllmann
Technische Einrichtung: Rudolf Rathert
Beleuchtung: Hermann Hauptmann

Im Leuchtfeuerdienst:

Streeter, Pilot .... Erwin Linder
Nonny, Gehilfe ...... Helmut Kröger
Flamming, Inspektor. Willy Schweisguth
Charleston, Feuerwächter Hermann Schomberg

Josua Stuart, Kapitän des Seglers „Land O'Lakes" .... Hans Mahnke

Passagiere:

Briggs, ein Handwerker . Hans Anklam
Dr. med. Stefan Kurk... Eduard Marks
Melanie, seine Tochter .... Helga Aust
Anne Marie, seine Frau.. Mary Werner
Miss Kirby................ Ida Ehre
Chang................ Harry Niemann

Pause nach dem 1. Akt

IDA EHRE

UNSER STREBEN

Der Name „Hamburger Kammerspiele" verpflichtet zur Fortführung einer Tradition, die aus dem lebendigsten und interessantesten Kapitel der Hamburger Theatergeschichte erwachsen ist; aber man muß sie aus dem Sinn des Begriffes „Kammerspiele" aufbauen und nicht etwa aus den äußeren Formen, die zeitbedingt waren, denn so wie die Zeit sich radikal verändert hat, so auch die Aufgabe eines solchen Theaters. Nach dem ersten Weltkriege war der deutsche Staat zwar besiegt aber nicht, wie heute, zertrümmert, damals galt es, durch ein halbes Jahrhundert festgefügten sozialen, ethischen und künstlerischen Begriffen das revolutionäre Theater, das sich immer erneuernde Experiment der Stile und geistigen Versuche entgegenzusetzen. Heute leben wir nach der radikalsten und vernichtendsten aller Revolutionen in einem totalen Nihilismus und es ist notwendig, wie auf allen Gebieten, so auch auf dem des Theaters eine neue Ordnung, neue Wertmaßstäbe, ein neues Weltbild aufzurichten, heute ist es „revolutionär", der Ab- und Umwertung aller seelischen and geistiger Werte die Erkenntnis der ewig gleichen Aufgaben und der unveränderlichen Gesetze des Mensch-seins entgegenzuhalten und hierbei kann ein Theater einer ebenso leidenschaftlichen Anteilnahme im Für und Wider sicher sein, wie die alten Hamburger Kammerspiele zu Erich Ziegels Zeit.

Denn der Kampf zwischen den beiden großen Strömungen im Leben und Wesen der Deutschen ist entschieden. Die Vertreter jener Lebensauffassung, die den Sinn eines Volkes und Staates in seiner Weltgeltung durch äußere Machtmittel sieht, forderten ein Gottesurteil heraus. Es ist gegen sie gefällt worden, und wir wissen es und entgültig, daß eine neue und

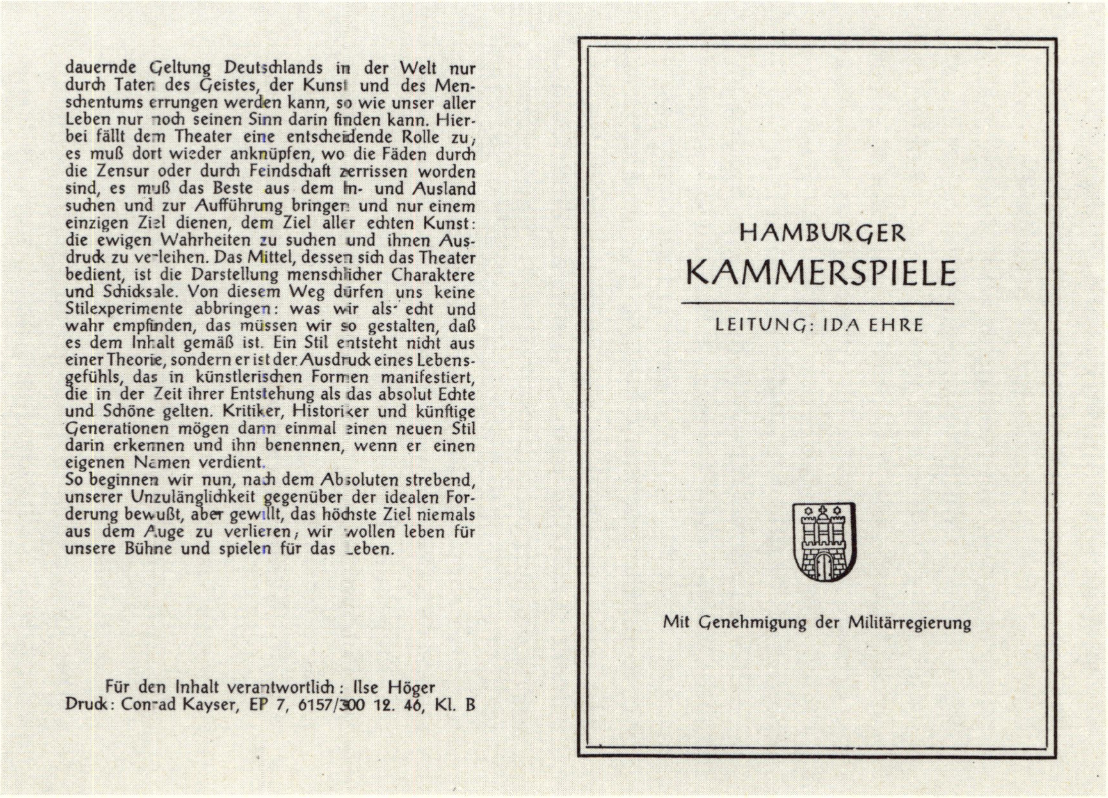

dauernde Geltung Deutschlands in der Welt nur durch Taten des Geistes, der Kunst und des Menschentums errungen werden kann, so wie unser aller Leben nur noch seinen Sinn darin finden kann. Hierbei fällt dem Theater eine entscheidende Rolle zu; es muß dort wieder anknüpfen, wo die Fäden durch die Zensur oder durch Feindschaft zerrissen worden sind, es muß das Beste aus dem In- und Ausland suchen und zur Aufführung bringen und nur einem einzigen Ziel dienen, dem Ziel aller echten Kunst: die ewigen Wahrheiten zu suchen und ihnen Ausdruck zu verleihen. Das Mittel, dessen sich das Theater bedient, ist die Darstellung menschlicher Charaktere und Schicksale. Von diesem Weg dürfen uns keine Stilexperimente abbringen: was wir als echt und wahr empfinden, das müssen wir so gestalten, daß es dem Inhalt gemäß ist. Ein Stil entsteht nicht aus einer Theorie, sondern er ist der Ausdruck eines Lebensgefühls, das in künstlerischen Formen manifestiert, die in der Zeit ihrer Entstehung als das absolut Echte und Schöne gelten. Kritiker, Historiker und künftige Generationen mögen dann einmal einen neuen Stil darin erkennen und ihn benennen, wenn er einen eigenen Namen verdient.

So beginnen wir nun, nach dem Absoluten strebend, unserer Unzulänglichkeit gegenüber der idealen Forderung bewußt, aber gewillt, das höchste Ziel niemals aus dem Auge zu verlieren; wir wollen leben für unsere Bühne und spielen für das Leben.

Für den Inhalt verantwortlich: Ilse Höger
Drucḱ: Conrad Kayser, EP 7, 6157/300 12. 46, Kl. B

HAMBURGER

KAMMERSPIELE

LEITUNG: IDA EHRE

Mit Genehmigung der Militärregierung

Programmzettel in Originalgröße

«Leuchtfeuer» von Ardrey, einem Amerikaner. Schon der Titel sollte einen Neubeginn, eine Hoffnung signalisieren. Inhaltlich ging es um die Auseinandersetzung mit dem Krieg, mit Humanität und Menschlichkeit. Wir wußten ja zwölf Jahre lang gar nicht, daß es Stücke dieser Art gab. Wenn ich micht richtig erinnere, hat John Olden uns die Stücke mitgebracht, denn gedruckte, ins Deutsche übersetzte Theaterstücke mit diesem Thema konnte es ja noch gar nicht geben. Wir hatten das Gefühl, wir zünden eine Fackel an.

Aber bei allem Enthusiasmus, bei aller Spielfreude, allem Hunger nach Themen – es stellten sich natürlich sofort Probleme ein. Wir haben bei Eiseskälte probiert, bei Eiseskälte das Stück herausgebracht. Elektrizität gab es kaum, unsere Beleuchtung ‹speisten› wir mit einem eigenen Aggregat. Es wäre sicher übertrieben zu sagen, daß aufgrund des funzeligen Lichtes die Gesichter auf der Bühne gestrahlt haben. Wir haben alle gezittert, aber wir waren begeistert! Wir hatten das Gefühl, ein neues Leben fängt an. Wir saßen in den Garderoben, eingehüllt in alles, was warm war, wie die Eskimos. Das Publikum sah genauso aus, der Hauch des Atems ergab eine neblige Atmosphäre, aber er vermischte sich von der Bühne in den Zuschauerraum hinein und umgekehrt. Es entstand dadurch eine sichtbare Vermischung von mir zu dir.

Die ersten Tage waren ganz wenig Menschen im Theater. Ich war ein bißchen verzagt, dachte, wir können so das Theater auf keinen Fall halten, denn wir waren ja mittellos und auf jeden Einnahmepfennig angewiesen. Nach acht Tagen hatten wir eine Steigerung von vielleicht fünf Zuschauern, und da kam Erich

Rohlffs zu mir: «Frau Ehre, so können wir nicht weitermachen. Entweder, Sie entschließen sich, Komödien zu spielen, Stücke, die das Publikum zum Lachen bringen, oder aber wir müssen gleich wieder schließen.» Da sagte ich: «Ich mache mein Theater nicht auf, um dem Publikum Komödien vorzuspielen. Ich mache mein Theater auf, um dem Publikum zu zeigen, daß es auch anderswo noch Menschen gibt, daß es wichtig ist, die Charaktere dieser Menschen kennenzulernen, das Handeln. Ich möchte den Menschen, die so versunken sind in der Gedankenbrühe der vergangenen Jahre, wieder eigene Gedanken geben. Ich kann ihnen nicht gleich etwas anbieten, daß sie sich auf die Schenkel schlagen müssen vor Heiterkeit, das muß langsam gehen. Ich möchte ihnen in kleinen Schritten Wege aufzeigen, wie das Leben weitergehen könnte.»

«Wie lange wollen Sie das noch machen? Wir können uns das nicht leisten.» Ich bat ihn um weitere acht Tage für dieses Stück. Es hatte sich offenbar herumgesprochen, da ist ein Theater, das gibt euch etwas. Und von Tag zu Tag wurden es mehr Zuschauer. Nach einer Woche war das Theater beinahe voll. Als wir das sahen, fielen wir uns vor Glück in die Arme, weil wir nun wußten, daß der Weg, den ich eingeschlagen hatte, richtig war. Auch Erich Rohlffs war überzeugt. Wir spielten «Leuchtfeuer» vier Wochen. Vielleicht war es auch länger, ich weiß es nicht mehr, aber damals konnten wir ja die Stücke so lange spielen, wie sie vom Publikum angenommen wurden. So wichtig gerade für uns Privattheater die Abonnenten sind, lebenswichtig, so sehr zwingt uns ein Abonnentenstamm aber auch in ein Korsett. Es gibt Stücke, die könnten wir zwei, drei

Monate spielen, so gut kommen sie an. Das ist aber natürlich nur die eine Seite, denn andererseits hätte ich mein Theater nicht vierzig Jahre, wenn es nicht die Treue der Abonnenten gäbe. Sie sind eine wesentliche Säule meines Theaters, auf die ich nicht nur nicht verzichten kann, sondern auch nicht will.

Nun ja, damals jedenfalls half mir John Olden sehr, Stücke zu bekommen, die wirklich ‹Stücke der Weltliteratur› waren. Er konnte an Stücke herankommen, an die wir nicht herankamen, weil sie noch in keinem deutschen Verlag erschienen waren. Er hat sie sich schicken lassen, hat sie übersetzen lassen und Verlage gefunden. Das ging das erste Jahr so, dann traten die Verlage auch schon mit Stücken an uns heran.

Ich glaube, die Uraufführung, die in den meisten Köpfen untrennbar mit den «Hamburger Kammerspielen» verbunden ist, ist «Draußen vor der Tür» von Wolfgang Borchert. Das ist meines Erachtens auch berechtigt, denn Borchert hätte dieses Stück niemals für die Bühne umgeschrieben, wenn ich ihn nicht so sehr überredet hätte.

Ich gehörte zum Verwaltungsrat des damaligen NWDR – erst viel später wurde er ja geteilt in NDR und WDR –, und wir bekamen eines Tages ein Hörspiel auf den Tisch, das hieß «Draußen vor der Tür». Nach der Lektüre wußte ich, daß das ein ideales Stück für die Bühne wäre, ein Thema, das uns alle noch so hautnah anging. Aber der Autor, ein junger Mann namens Wolfgang Borchert, war schwer krank. In unzähligen Gesprächen konnten wir Borchert überzeugen, sich noch einmal dranzusetzen. Wir halfen ihm bei der szenischen

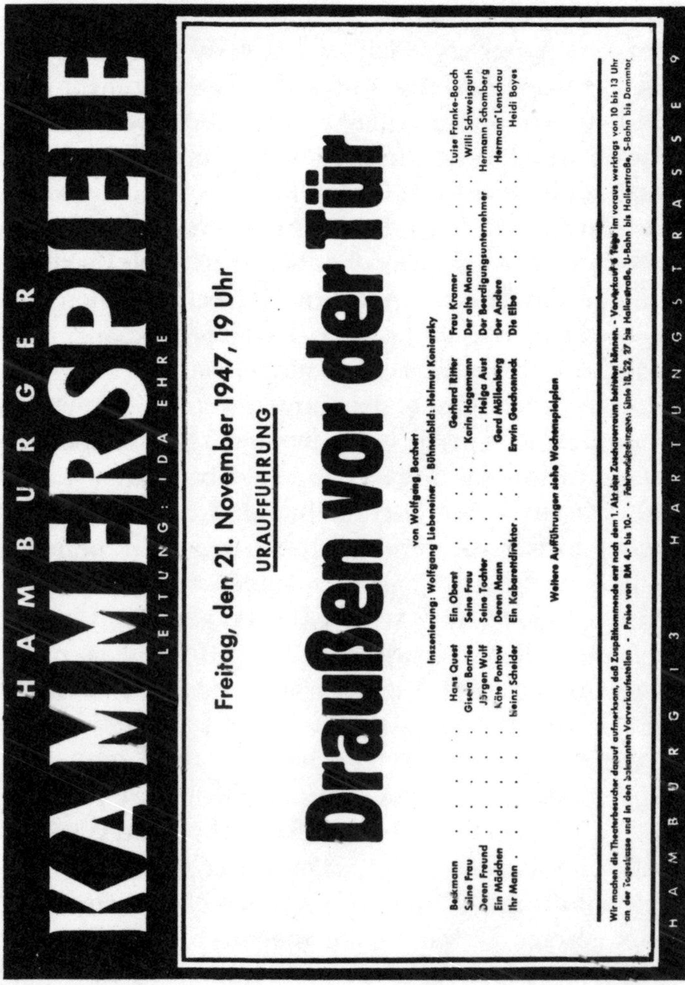

Plakat der Uraufführung

Umsetzung und bauten ihn immer wieder auf. Während der Arbeit ging ich zu Ernst Rowohlt, den ich ‹Tartarenfürst› nannte, und habe ihm davon erzählt. Ich bat ihn dringend, Wolfgang Borchert in die Schweiz zu schicken, vielleicht könne man ihm helfen. Er tat es übrigens auch – nach Fertigstellung des Stükkes fuhr Borchert in die Schweiz, wo er dann auch gestorben ist. Zu der Zeit aber bearbeitete ich Rowohlt, er möge das Stück annehmen: «Aber ich habe doch einen Buchverlag und keinen Theaterverlag.»

«Dann werden Sie eben einen Theaterverlag gründen. Das Stück muß angenommen werden, es muß in der ganzen Welt gespielt werden, nicht nur an meinem Theater. Es ist das Stück eines Menschen, der wirklich den Aufschrei der Jugend hat und keine Antwort erhält.» Es war wie der Aufschrei der heutigen jungen Menschen, die sich doch auch fragen müssen, warum gibt mir keiner Antwort auf die Fragen, die wir uns doch alle stellen. Nachdem ich Ernst Rowohlt so zugesetzt hatte, nahm er das Stück an. Das war der Grundstein für den großen Rowohlt-Theater-Verlag.

Wolfgang Borchert hat die Uraufführung nicht mehr erlebt, er starb ganz kurz vor der Premiere. Aber er starb in dem Bewußtsein, daß sein Stück zur Aufführung kommen würde. Hans Quest spielte die Rolle des Beckmann, und ich glaube, er hat sich ein Denkmal damit gesetzt. Er war so überragend, so glaubwürdig, so wirklich packend, daß die Widmung Borcherts zu Recht besteht: Er hat das Stück «Draußen vor der Tür» Hans Quest gewidmet. Man war ja damals, so kurz nach dem Krieg, noch so benommen von den Ereignissen, die hinter uns lagen. So war es nicht weiter verwunderlich, daß die Zuschauer betroffen waren, beunruhigt und aufgewühlt. Diese Betroffenheit hatten sie auch kurz vorher gezeigt, als wir «Die Troerinnen» in der Werfelschen Bearbeitung gespielt hatten. Es war ja alles noch so nah.

Wenn ich an solche Stücke denke, komme ich immer wieder in Gespräche mit mir selbst. Was hat der Erwachsene falsch gemacht? Warum sind nicht mehr aufgestanden? Hätte man nicht viele tausend Leben retten können, wenn man geredet hätte? Auch das Nichtstun, das Schweigen ist eine Schuld. Wie oft bin ich heute traurig darüber, daß die jungen Menschen alles so negativ sehen, aber es wird ihnen ja auch wenig Anlaß gegeben, optimistisch zu sein. Wie selten wird beispielsweise gelobt, und wie oft wird nur der abgerissene Knopf am Mantel registriert, nicht aber der angenähte. Lob spornt die Aktivität an, nicht der Tadel. Das sage ich mir selbst auch oft und bemühe mich dann, danach zu handeln.

«Draußen vor der Tür» war ein Stück, das kommen mußte. Es war ein Stück, das meinen ‹Grundsätzen› folgte: Ich hatte das Gefühl, etwas tun zu müssen, was den Menschen die Schläfrigkeit aus den Augen nimmt, die Müdigkeit aus den Herzen treibt. Ich wollte sie zum Denken bringen, zur Überlegung: Wie war diese Zeit hinter uns, welche Verantwortung tragen wir dafür, was werden wir tun, um die Zukunft zu formen? Das waren meine Gedanken. Das ist mir nicht immer geglückt, aber was ich tun konnte, habe ich getan. Und wenn mir heute manchmal gesagt wird, die «Kammerspiele» seien nicht mehr das Theater, das es mal war – nun ja, die Zeiten haben sich geändert, die Anforderungen sind andere geworden, und auch das Geld ist knapper geworden für Stücke, die ich gern spielen würde, die aber nicht unbedingt sogenannte Kassenfüller werden könnten. Das klingt paradox, weil wir damals weiß Gott wenig bis gar kein Geld hatten, aber die Ansprüche waren geringer – sowohl bei uns als auch beim Publikum. Nicht, was die Qualität der Stücke anging, sondern was das Drumherum betraf, die Ausstattung, die Kostüme, die Gagen.

In der Spielzeit 1947/48 spielten wir «Maria Stuart». Wir hatten Kostüme aus Sackleinen, die mit herrlichen Mustern bemalt waren. Das Zeug kratzte ganz furchtbar am Körper, und Hilde Krahl und ich – wir spielten die beiden Gegenspielerinnen – waren immer selig, wenn wir endlich aus den Sachen herauskonnten. Aber der gewünschte Effekt war da, das Publikum glaubte sich in elisabethanische Zeit versetzt. Heute könnte man so etwas nicht mehr tun, die Konkurrenz der großen Häuser und des Fernsehens hat die Maßstäbe gesetzt.

Es war eine große Zeit damals, mit vielen wunderbaren Kollegen. Hilde Krahl und Wolfgang Liebeneiner waren beispielsweise zwei Menschen, mit denen mich sehr bald weit mehr verband als die gemeinsame Arbeit. Ich hatte sie von Anfang an in mein Herz geschlossen. Liebeneiner nannte ich ‹Primus›, weil er wirklich alles wußte. Er hat eine solch universelle Bildung, daß mir ganz schwindlig wurde. Welche Frage man stellte, nach Personen welcher Stücke oder Jahrhunderte auch immer, er wußte die richtige Antwort. Ich habe damals zu ihm gesagt: «Wenn ich mich mit dir unterhalte, bin ich so winzig klein wie eine halbe Maus.» Mäuse an sich sind ja schon klein, aber gegen ihn war ich selbst davon noch nur die Hälfte. Er hat sehr darüber gelacht und gemeint, es gebe Menschen, die noch wesentlich mehr wüßten als er, aber das war mir unvorstellbar. Ich war nicht seine einzige Bewunderin, Hilde Krahl hat ihn angehimmelt. Für mich war er ein Halbgott, für sie war er der ‹Liebe Gott›

Für mich waren Hilde Krahl und Wolfgang Liebeneiner ein Lichtblick nach dieser bösen, finstersten, schlimmsten Zeit meines Lebens, die in den vorangegangenen zwölf Jahren hinter mir lag. Ich habe nie das Gefühl gehabt, daß die beiden während der Nazizeit etwas getan haben könnten, was man ihnen hätte vorwerfen können. Deshalb hat es mich auch tief getroffen, als mir damals viele Menschen sagten: «Wie können Sie, wie kannst du nur diese beiden so bevorzugen, wo sie doch in der Nazizeit das und das erreicht haben.» Ich habe mir das angehört und wollte es nicht glauben. Andere wieder erzählten, Liebeneiner sei bei Goebbels aus- und eingegangen, sei lieb Kind dort gewesen. Er war ja Chef der Ufa, wurde Professor in jener Zeit. Aber diese Menschen erzählten eben auch, daß er in dieser Funktion einer ganzen Reihe von Künstlern, die verboten waren, geholfen habe, zum Beispiel, daß sie Filmdrehbücher unter anderem Namen geschrieben haben, die er dann verfilmt habe. Mich störte das Gerede um die beiden nicht. Hilde Krahl war so sehr Philosemitin, daß ich mir nicht denken konnte, daß sie diese Ansichten nur hatte, weil ich Jüdin bin und weil sie bei mir beschäftigt war. Das kam bei ihr so sehr von Herzen, daß ich davon überzeugt war und bin. Sie waren beide jedenfalls ein großer Gewinn für uns alle – er als ausgezeichneter Regisseur, sie als hervorragende Schauspielerin. Wir haben viele, viele Stücke gemeinsam gespielt, waren sehr oft privat zusammen. Es war eine sehr, sehr enge Freundschaft.

Als dann die Währungsreform kam, ging sie an ein Staatstheater und dann wieder nach Hause, nach Wien. Sie haben beide auch danach noch sehr häufig gastiert bei uns. Für sehr viel weniger Gage als woanders. Die Freundschaft besteht noch heute, und jedes Gespräch mit ihnen beglückt mich. Wir denken oft zurück an unseren Enthusiasmus, unsere Freude an der Arbeit und unsere Erfolge. Und an das gemeinsame Lachen, in dem Hilde Krahl unübertrefflich war, sie war ein richtiger alberner Lachsack, auch auf der Bühne.

Wir spielten unter Liebeneiners Regie das zweite Stück nach «Leuchtfeuer» – «Frau Warrens Gewerbe». Ich spielte die Mutter «Warren», sie die Tochter «Vivie». Wir hatten das Stück schon x-mal gespielt, da passierte eines abends folgendes: Am Schluß sagt die «Vivie», die mit dem Lebenswandel ihrer Mutter nicht einverstanden ist: «Und aus diesem Grunde sage ich dir ‹Lebe wohl›. Siehst du ein, daß ich recht habe?» Darauf antwortet ihr Frau «Warren»: «Ja, du hast recht. Aber Gott helfe einer Welt, in der jedermann das Richtige tun würde.» Dann geht sie von der Bühne ab. An diesem Abend nun war der Dialog: «Und aus diesem Grunde sage ich dir ‹Lebe wohl›. Siehst du ein, daß ich recht habe?»

«Ja, du hast recht. Aber Gott helfe einer Frau, in der jedermann das Richtige tun würde.» Die Krahl brach vor Lachen zusammen – das Publikum dachte, es sei der Schmerz, der sie zu verzweifeltem Weinen bringt. Ich ging sofort ab und saß in der Gasse auf dem Bühnenboden, außer mir vor Lachen. Liebeneiner, der in der Vorstellung saß, kam zu mir und sagte: «Das geht in die Annalen der Bühnengeschichte ein, was du dir da an Versprecher geleistet hast.»

Als wir «Frau Warrens Gewerbe» hundertmal gespielt hatten, teilten wir diesen Erfolg in einem Telegramm George Bernard Shaw mit. Die Antwort kam prompt: «Und wo bleiben die Tantiemen?»

Noch etwas haben wir erlebt mit dieser Aufführung, was erzählenswert ist. Mit Schreiben vom 11. März 1946 bekamen wir eine Anfrage der Hansestadt Hamburg, Sozialverwaltung/Landesfürsorgeamt. Darin hieß es: «Die Fürsorgerinnen des Pflegeamtes, das mit der Prostitutionsbekämpfung im Gebiet Groß-Hamburg beauftragt ist, haben aus fachlichem Interesse den dringenden Wunsch, die Vorstellung von «Frau Warrens Gewerbe» zu besuchen. Ich bitte, es ihnen gemeinsam zu ermöglichen. Es handelt sich um 20 Mitarbeiterinnen.» Man sieht, wir wurden zu Fort- und Weiterbildungszwecken besucht.

Im Publikum waren auch häufig Damen von St. Pauli – vielleicht um zu sehen, ob wir sie richtig darstellten? Den Anstoß, ins Theater zu gehen, gab aber sicherlich eine andere Tatsache.

Als ich das Theater eröffnete, sagte mein Mann: «Einer in feiner Gegend genügt, ich mache eine Praxis auf St. Pauli auf.» Und er ließ sich im Karolinenviertel nieder. Natürlich hatte er ‹bürgerliche› Patienten, aber eben auch die erwähnten Damen. Und wenn ein Zirkus gastierte, kamen zu ihm die Zwerge und Riesen, die

‹Dame ohne Unterleib›, die Akrobaten und Artisten. Es machte ihm viel Spaß, dieses Gemisch, und ich habe ihn oft aufgezogen damit.

Ich sagte es ja schon, mein Mann war ein merkwürdiger Mensch, ein sehr zerrissener, zwiespältiger Mensch. Er hat nie aufgehört, mich zu lieben, auch damals nicht, 1934, als er mir sagte, er könne nicht mehr ‹ehelich› mit mir leben. Er hatte sein Weltbild, und das war manchmal für mich nicht nachvollziehbar. Aber er hatte ungeheuren Humor und Witz, und ich war ihm dennoch unendlich dankbar für alles, was er für uns getan hatte. Wahrscheinlich bin ich deshalb bei ihm geblieben, obgleich diese ‹Treue› einen hohen Preis für mich hatte.

Es ist so gemütlich mit ihm

Es war 1948, da kam mein Mann eines abends aus der Praxis und sagte: «Weißt du, wer mich heute angerufen hat? Der Wolfgang.» Ich war wie vom Donner gerührt. «Der Wolfgang? Wieso?» Ich hatte jahrelang nichts von ihm gehört, wenngleich ich ihn natürlich nie vergessen hatte. «Er war bis jetzt in Kriegsgefangenschaft in Sibirien und ist gerade zurückgekommen. Er hat hier in Hamburg einen Onkel, den er besuchen will.» Nun gut, was hatten wir damit zu tun, wenn er einen Verwandten besuchen wollte. Ein paar Tage später erzählte mein Mann, er sei bei ihm in der Praxis gewesen. Er sehe wirklich elend aus. Sie hätten natürlich auch über mich gesprochen. Ich tat unbeteiligt, war aber innerlich doch sehr aufgewühlt. Nachdem Wolfgang ein weiteres Mal in der Praxis war, meinte mein Mann: «Es ist mir richtig unangenehm, wir haben uns doch damals so gut verstanden, sollten wir ihn nicht mal zu uns einladen?» Ich tat gleichgültig: «Bitte, sag's ihm.» Er kam, schaute mich an. Wir hatten uns acht Jahre nicht gesehen. Da sagte er: «Nie bist du aus meinem Herzen gegangen. Ich habe nur leben wollen, um dich wiederzusehen.»

Und er erzählte folgendes: 1946, er war schon in Sibirien, bekam er eine Zeitung in die Hand. Darin stand, daß Ida Ehre die «Hamburger Kammerspiele» eröffnet habe. Das sei für ihn wie ein Durchhalteappell gewesen. Ich tat so, als würde mich das alles überhaupt nicht interessieren, aber ich kann kaum beschreiben, was in mir vorging. Er fuhr wieder nach Stuttgart zurück, schrieb mir unzählige Briefe. Ich habe kein Wort geantwortet. Ich war noch immer so tief verletzt von ihm, so fassungslos über sein damaliges Tun, daß ich nicht dagegen an konnte, obwohl ich grenzenlos darunter gelitten habe.

Wochen später hatte ich eine Besprechung in Würzburg, er kam dorthin, ich wies ihn ab. Wieder kam er nach Hamburg – kurz, er versuchte alles, mich zurückzugewinnen, ich blieb hart. Dann fuhr ich nach Bayern, an den Chiemsee, wo mein Mann ein Haus geerbt hatte. Wolfgang erfuhr davon, kannte das Haus von früheren gemeinsamen Besuchen. Eines Abends stand er vor der Tür, ich war allein, meine Tochter, die mit mir gefahren war, besuchte eine Freundin. Wir setzten uns auf den Balkon. Über dem See zog ein furchtbares Gewitter auf, so schrecklich, wie es nur in den Bergen sein kann. Und dieses Gewitter hat uns wieder zusammen gebracht. Seit diesem Abend war es eine wunderschöne Zeit. Er kam, wann er nur konnte, nach Hamburg – ich fuhr, wann immer ich konnte, nach Stuttgart, obwohl er noch immer mit Maria verheiratet war. Bis er sich entschloß, in Hamburg zu bleiben. Wir wohnten zusammen in unserer Wohnung in der Hallerstraße, die ich noch heute habe: er, mein Mann und ich, siebzehn Jahre lang. Immer wieder bat er mich, meinen Mann zu verlassen, immer habe ich es abgelehnt.

Dann kam das ‹Ultimatum›: «Entweder du verläßt Bernhard oder ich gehe. Ich muß endlich das Gefühl haben, daß du für mich da bist, ich halte das nicht mehr aus.» Nach siebzehn Jahren. Ich ging zu meinem Mann: «Bitte Bernhard, sag mir, daß ich gehen kann.

Du weißt, wie ich zu dem Mann stehe, laß mich gehen.» Er schaute mich an und antwortete: «Wenn man so lange verheiratet ist wie wir beide, dann sollte man sich nicht mehr trennen.» Es war eine ungeheure Nibelungentreue in mir, eine Eigenschaft, die ich übrigens auch in meinem Theater habe. Ich konnte dagegen nichts sagen. Also ging Wolfgang. Heute lebt er mit einer Frau zusammen in der Nähe von Hamburg – ich habe ihn nie wiedergesehen.

Es war kein einfaches Leben, das ich geführt habe, aber in bezug auf Männer war mein Leben nie einfach. Es war immer eine ungeheure Eifersucht dabei, wenn mich ein anderer angeschaut hat. So richtig unbeschwert jemanden lieben – das konnte ich nie. Es war immer einer im Hintergrund, der das Gefühl hatte, ich kümmere mich zu wenig um ihn. Andererseits hat das aber auch etwas für sich, wenn man geliebt wird, denke ich. Das Problem bei Wolfgang war aber noch ein anderes. Er konnte es einfach nicht ertragen, daß ich Erfolg hatte, daß man mich kannte: «Wärst du doch etwas anderes, wärst du Sekretärin oder sowas.» Das sagte er oft, er mochte es nicht, wenn die Menschen mich auf der Straße ansprachen. Ich habe das nie verstanden, denn für ihn war ich ja nur ich selbst.

Ganz anders dagegen war mein Mann. Er genoß alles, was mit mir und meinem Theater zusammenhing. Nur zu offiziellen Anlässen, zu Empfängen und Einladungen, kam er nicht mit. «Das ist deine Welt, laß mich in meiner», sagte er dann. Einmal ging er mit zum Corps Diplomatique, um zu sehen, was das für Menschen sind. Aber nur einmal, dann hatte er genug gesehen. Andererseits ging ich auch einmal mit ihm zu einer Nachmittagseinladung zu den Damen in der Herbertstraße. Es waren fröhliche, interessante Stunden für mich, weil die Damen so ungeheuer lieb zu mir waren, sehr aufmerksam, sehr – ich möchte fast sagen – ‹schwesterlich› in ihrem Verhalten. Und was haben sie sich für Mühe gegeben, den Tisch festlich zu decken. Es war für mich natürlich eine Welt, die mir völlig fremd war, und deshalb war ich so überrascht über ihr ‹bürgerliches› Verhalten.

Als ich ungefähr 15 war, unterhielten wir uns in der Schule darüber, was wir einmal werden wollten. Die eine sagte ‹Schneiderin›, die nächste ‹Mutter›, die andere ‹Kellnerin›. Und eine von uns, die Mizzi, wollte ‹a Hur› werden, das sei einfach und man könne leicht Geld verdienen. Sie war zwei Jahre älter als wir, zweimal sitzengeblieben. Eine hübsche blonde Wienerin. Mir hat kolossal imponiert, daß sie so genau auf Anhieb wußte, was sie werden wollte. Dann war ich auf der Akademie und sah sie eines Tages auf der anderen Straßenseite. Sie erkannte mich sofort, griff in ihre Handtasche und zog ein Buch heraus. Sie schwenkte es in der Luft und rief: «Ehre, Ehre, i hab schon mei Bücherl!» Das heißt, sie hatte ihr Berufsziel erreicht, denn das Bücherl mußten die Huren führen für die Kontrollen beim Gesundheitsamt.

Die ersten Jahre der «Kammerspiele» waren so erlebnisreich, so vielschichtig, daß es mir hier besonders schwerfällt, die korrekten Jahreszahlen anzugeben, aber die Geschichten sind deshalb trotzdem wahr. Ich habe die Deutsche Bühnengenossenschaft ‹wiederbelebt› – meine Mitgliedsnummer ist 5 –, habe den Deutschen Bühnenverein mit aufbauen helfen. Dreizehn Jahre lang war ich Mitglied des Verwaltungsrates des NWDR. Irgendwann Ende der vierziger Jahre mußte ich nach Köln zu einer Sitzung. Es fuhren ja damals nur Kohlenzüge, so daß ich den ganzen Tag unterwegs gewesen wäre. Da bin ich zu Ernst Schnabel gegangen, dem späteren Intendanten, und habe gesagt: «Hör mal, ihr habt doch hier im Rundfunk die Engländer. Und deren Hauptquartier ist in Köln. Kannst du nicht mal fragen, ob jemand zufällig gerade mit dem Auto dorthin muß?» Ich gab ihnen die Abfahrtzeit des Zuges, und sie versprachen, daß sie sich bemühen wollten festzustellen, ob ein Auto führe. Dann sei jemand rechtzeitig bei mir. Der Tag kam, es läutete an meiner Tür. Als ich aufmachte, stand ein Riesenmann vor mir, der so groß war wie der Stephansdom. Ich schaute von unten hinauf, er stellte sich vor: «Hugh Carlton Greene.» Ich starrte ihn an und sagte ganz spontan: «Kommen Sie herein, Sie habe ich unter meiner Bettdecke kennengelernt.» Er wußte gar nicht wie ihm geschah, bis ich ihm das erklärt hatte: Während der Nazizeit zog man sich, um den englischen Sender zu hören, die Bettdecke über den Kopf, damit auch ja niemand etwas mitkriegte. Und ich hatte das häufig bei einer Freundin gehört, denn nach meiner Entlassung aus Fuhlsbüttel hatte mein Mann unser Radio im Keller versteckt, damit wir gar nicht erst in den Verdacht geraten konnten, den sogenannten Feindsender zu hören. Die Ansagen endeten dann meistens mit «Es sprach Lindley Frazer» oder «Es sprach Hugh Carlton Greene». Insofern habe ich ihn unter der Bettdecke kennengelernt.

Wir fuhren gemeinsam nach Köln, und es entstand eine große Freundschaft. Später wurde er geadelt, er wurde Chef der BBC in London. Immer, wenn er danach nach Hamburg kam, trug er eine alte, schäbige, abgewetzte Aktentasche, darin waren Whiskeyflaschen eingewickelt. Er meinte, den echten Whiskey gebe es nur in London, den könne er hier nicht bekommen. Einmal erzählte er, in ein paar Tagen käme seine Königin die BBC besuchen, und das werde auch in Deutschland übertragen. Ich habe mir das angeschaut und sah meinen Sir Carlton Greene in einer alten Jacke mit Lederflecken auf dem Ärmel. Als wir uns wiedertrafen, sagte ich: «Schämst du dich nicht? Hast dir nicht einmal was Anständiges angezogen, um mit deiner Königin durch dein Reich zu wandern?» Sagte er: «Ich bin doch nicht sie und muß mich schön anziehen. Die Welt hat auf sie geblickt, nicht auf mich.» Er war so ein typischer Engländer, wie aus dem Bilderbuch. Vor allem das ‹Fair play› hatte er verinnerlicht. Er behandelte uns immer wie seinesgleichen, niemals wie ‹Feinde›, die wir doch so lange gewesen waren für ihn. Das war, gerade in den ersten Nachkriegsjahren, eine ungeheure Beglückung für mich. Man war ja im Umgang miteinander noch unfrei, war zum Teil voller Mißtrauen, zum Teil auch voller Schuldgefühle. Und dann kam da so ein Mann, der offen auf einen zuging, ohne jeden Vorwurf. Wie oft teilte er mit uns seine Lebensmittel – genau wie John Olden, der zerdrückte Butter und Wurst aus seiner Hosentasche holte. Solche Begegnungen vergißt man nicht, weil sie den Glauben wiedergegeben haben, das Vertrauen in den Mitmenschen.

Ich erwähnte es schon, ich war so erzogen worden, daß man Menschen nicht mißtraut, sondern zunächst einmal das Gute annimmt.

Meine Tochter Ruth, fünf Jahre alt, als die braunen Horden kamen, hat sich meiner Ansicht nach bis heute nicht gelöst von der Skepsis ihrer Umgebung gegenüber. Sie hatte immer das Gefühl, mich beschützen zu müssen. Sie hat ja natürlich auch unsere Ehegeschichte mitgekriegt, hat – so klein wie sie damals war – gemerkt, daß etwas nicht stimmte, als mein Mann das eheliche Leben aufkündigte. Sie merkte intuitiv, daß er nicht war wie andere Väter, und das hat uns sicher mehr zusammengeschweißt.

Ich habe dieses Buch meiner Mutter in Dankbarkeit, meiner Tochter in Liebe gewidmet, und es ist tatsächlich so: Meiner Mutter verdanke ich eine unendlich schöne Kindheit und viele, viele Tugenden, um deren Einhaltung ich mich mein Leben lang bemühe. Meine Tochter aber ist mein Leben – meine Liebe zu ihr und ihre Liebe zu mir haben mich in den schwärzesten Stunden am Leben erhalten. Sie heiratete sehr früh, 1947. Kurt Eisler war tschechischer Offizier. Wir spielten gerade «Maria Stuart» als sie zu mir kam und sagte: «Mutti, ich habe jemanden kennengelernt, den werde ich heiraten.»

«Wieso heiraten? Kennst du ihn denn schon so lange?»

«Nein, ich kenne ihn erst drei Wochen.»

«Ja, liebst du ihn denn so, daß du ihn sofort heiraten willst?»

«Lieben, das weiß ich nicht, aber es ist so gemütlich mit ihm.» Ich fand das eine köstliche Beschreibung:

unter ‹gemütlich› verstehe ich ‹Ruhe›, man fühlt sich aufgehoben bei dem Menschen. Er wollte mich dann sprechen, wollte mich sozusagen ‹um die Hand meiner Tochter› bitten. Er konnte mich aber nie erwischen, weil wir ja jeden Abend spielten. Also holte er mich eines Tages nach der Vorstellung ab, und wir gingen zusammen nach Hause in die Hallerstraße. Ruth zitterte, weil sie nicht wußte, wie wir uns verstehen würden. Er erzählte ein wenig von sich, von seiner Familie, die in der Tschechoslowakei während der Nazizeit vielen, vielen Menschen geholfen hatte, nach Palästina zu gehen. Er war Zionist. Ich mochte ihn, seine Ehrlichkeit, seine Offenheit. Er sagte: «Ich besitze nichts, wir wollen gemeinsam unser Leben aufbauen, gemeinsam von vorn beginnen.» Meine Tochter war knapp 19 Jahre alt, er war 24. Ich weckte meinen Mann auf: «Wach auf, es wird gerade um die Hand deiner Tochter angehalten.» Er hörte sich den jungen Mann an, dann nahm er einen Blumentopf vom Fenster und schmiß ihn auf die Erde, mitten in der Nacht: «Gut, ihr seid jetzt verlobt.»

Er wollte nicht in Deutschland bleiben. Sie gingen nach England und Frankreich, arbeiteten dort als Gelegenheitsarbeiter; bis sie nach Israel auswanderten. Dort wohnten sie in 60-Personen-Zelten in einem Lager für Einwanderer. 1950 habe ich sie das erste Mal dort besucht, und ich kann nicht gerade sagen, daß mein Mutterherz Freudensprünge machte, als ich sah, wie ärmlich sie dort lebten. Es kam mir vor wie eine Arche Noah, dieses Sprachgewirr, dieses Völkergemisch. Damals war Tel Aviv wirklich nur auf Sand gebaut, es standen mehr Hütten als Häuser. Der Weg zum Markt führte einen durch Wüstensand, die Stände hatten ein kärgliches Angebot. Es gab nichts in dem Land, nur ein paar Gurken, Tomaten, andere Früchte.

Zurück in Hamburg, wurde ich vom Deutschen Roten Kreuz gebeten, über meine Reise, meine Eindrücke vor jungen Ärzten und Schwestern zu reden. Ich erzählte von meinen Erlebnissen und davon, daß ich dachte, die Nationalfahne müsse eigentlich eine Windel sein, denn ich hatte noch nie so viele kleine Kinder gesehen wie damals in Palästina. Es fehlte ihnen aber an allem, sie hatten weder Hemdchen noch Wickelbänder noch Windeln – gar nichts. Der Anfang des Staates Israel war wirklich schwer, sehr schwer.

Mein Schwiegersohn war sehr sprachbegabt, er lernte binnen kurzer Zeit Ivrit und Arabisch. Man wollte ihn für den Geheimdienst haben, aber meine Tochter wollte endlich in einem Land leben, in dem sie nach all den Jahren endlich satt essen konnte. Sie kamen zurück nach Deutschland und erwarteten hier ihre Einwanderungserlaubnis für die USA. Sie wanderten aus, inzwischen zu dritt, denn 1952 ist meine Enkelin Daniela in Jaffa geboren worden. Sie wurden amerikanische Staatsbürger. Ruth ist – sie war ja katholisch getauft worden – zum jüdischen Glauben übergetreten.

1964 starb Kurt Eisler, ein sehr schwerer Schlag für meine Tochter. Wir standen uns in Krisenzeiten immer besonders nah, waren und sind füreinander da, aber diesen Verlust kann auch eine Mutter nicht ersetzen. Sie ist ein sehr verletzlicher Mensch, weil sie sehr emotional ist. Aber in dieser Emotionalität liegt soviel Phantasie, soviel Kreativität, daß ich es für ein Geschenk Gottes halte.

Ruth ist jetzt in zweiter Ehe verheiratet, lebt teils in den USA, teils in Hamburg. Natürlich hätte ich sie gern ganz in meiner Nähe, vor allem seit 1977 mein Mann starb und ich allein bin. Aber so freuen wir uns immer unbändig aufeinander und genießen die gemeinsame Zeit. Wir haben eine fast erdrückende Herzlichkeit – vielleicht ist meine Enkelin dadurch ein distanzierterer, kühlerer Mensch geworden. Sie macht so wenig Aufhebens um ihre Liebe. Sie lebte mit ihrem langjährigen Gefährten in Spanien, ist jetzt mit ihm aber auch in die USA gezogen. Daniela ist ein stiller Mensch, eine eigenwillige junge Frau. Das mag ich an ihr, sie ist Individualistin.

Große Kollegen an den Kammerspielen

Wenn ich von Grethe Weiser erzähle, dann erzähle ich wirklich mit besonderer Liebe, weil sie der Prototyp eines Menschen war, der große Vorzüge und große Nachteile hatte. Und beides hat sie frei und offen gezeigt. Ich nannte sie ‹Bambi›, denn sie war ein entzückend zartes Geschöpf. Wenn ich also sagte: «Bambi, was hast du denn da wieder gemacht?» Sagte sie: «Ich weiß, ich weiß, sei mir nicht böse, Idusch, da habe ich was falsch gemacht.» Das war das Beglückende an ihr – sie sah ihre Schwächen ein und stand dazu. Das ist eine Eigenschaft, um die ich mich mein Leben lang bemühe, denn ich glaube, es ist Stärke und keine Schwäche, wenn ein Mensch zu seinen Unzulänglichkeiten steht. Mich macht es schier verrückt, wenn einer daherkommt und meint, er könne alles. Ich kann ein noch so guter Schauspieler sein, aber ich kann nun mal nicht jede Rolle spielen. Und ich kann ein brillanter Regisseur sein, aber ich kann nicht jedes Stück inszenieren. Diese Einsicht macht den Könner aus, nicht der Versuch, alles zu schaffen. Ich hatte das große Glück, als Regisseurin niemals ‹durchgefallen› zu sein, aber einmal mußte ich eine Regie übernehmen, von der ich genau wußte, sie lag mir nicht. Doch als Theaterleiter ist man bisweilen Zwängen unterworfen, die nach eigener Neigung nicht fragen. Diese Regiearbeit war dann auch kein Erfolg.

Einmal war Grethe Weiser auf Tournee mit dem «Biberpelz», ich hatte inszeniert. Da rief sie nachmittags aus Hannover an, ganz aufgelöst: «Idusch, ich muß es dir sagen, bevor es dir vielleicht ein anderer sagt: ich habe geschmiert, ich bin ein Schmierant. Ich habe gelacht während der Vorstellung, das ist eine Schande! Und ich möchte dir doch keine Schande machen.» Das war typisch für sie. Es war auch eine ungeheure Freude, mit ihr zu inszenieren, denn sie war von einer geradezu besessenen Disziplin. Das ist für einen Regisseur wirklich ein Genuß! Sie war nicht als Mensch diszipliniert, aber als Schauspielerin. Sie konnte es nicht ertragen, wenn ein Kollege oder eine Kollegin am nächsten Tag einen Gang von rechts nach links statt von links nach rechts machte. Dann sagt sie: «Wir machen es so, wie wir es probiert haben, und wenn uns was Besseres einfällt, müssen wir es sagen.» Sie war so grundehrlich in ihrer Arbeit.

Wir kamen auf sehr merkwürdige Weise zusammen. Ich bekam aus Wien ein Stück von dem Autor Walter Firner geschickt, «Das Kuckucksei». Der Firner schrieb dazu, darin sei eine Rolle für mich. Das fand ich nicht, aber mir fiel eine Schauspielerin ein, die das spielen könnte, nämlich Grethe Weiser. Ich kannte sie von der Bühne her überhaupt nicht, sondern nur aus Filmen. Liebeneiner hatte sie in einer Rolle als Vermieterin in seiner Verfilmung von «Draußen vor der Tür» eingesetzt, und darin fand ich sie ausgezeichnet.

Einen Abend saß ich mit einem Freund, der die Weiser gut kannte, in einem Club an der Alster, in dem viele Künstler verkehrten. Dort habe ich übrigens erlebt, wie Ceram ganz glücklich hereinstürzte:

«Rowohlt hat mein Buch gedruckt, hier ist das erste Exemplar!» Er holte es aus seiner Aktentasche und schenkte mir ‹Götter, Gräber und Gelehrte›.

Dort also saßen wir, und ich erzählte ihm von meiner Idee, die Rolle mit Grethe Weiser zu besetzen, denn sie wohnte damals auch in Hamburg. Während wir sprachen, sagt er auf einmal zu mir: «Dort sitzt sie, ein paar Tische weiter.» Ich bat ihn also, zu ihr zu gehen und ihr mein Angebot zu unterbreiten. Er ging, kam zurück und bestellte mir, Frau Weiser und ihr Mann bitten mich zu ihrem Tisch. Sagte ich: «Oh nein, Frau Weiser möchte bitte zu mir kommen, ich habe ihr eine Rolle anzubieten.» Sie war ja damals schon eine absolute Berühmtheit in Deutschland, denn sie hatte unzählige Filme gedreht. Aber sie stand schön brav auf und kam an meinen Tisch. Sie war köstlich. Wenn sie jemanden Fremdes vor sich hatte, wurde sie preußisch. Machte ein preußisch-strenges Gesicht und sprach ein geziertes Deutsch, mit geziertem Lächeln im Gesicht. Sie sprach mich pausenlos mit «Gnädige Frau» an. Sagte ich: «Schauen Sie, Frau Weiser, sehr viel jünger als ich sind Sie nicht. Wäre es nicht viel gescheiter, Sie nennen mich ‹Frau Ehre› und ich sage ‹Frau Weiser›?» Da wurde ihr Lächeln schon zugänglicher. Ich beschrieb ihr die Rolle, gab ihr das Textbuch und bat sie, sich bis zum nächsten Morgen zu entscheiden. Sie rief an: «Unter allen Umständen will ich diese Rolle spielen!» Ihr Mann, der Dr. Schwerin, sagte im Hintergrund: «Grethe, sei nicht so begeistert, dann wird sie dir keine Gage zahlen.» Später hat sie aber auch mal ohne Gage bei mir gespielt. «Das ist meine Art, dich zu subventionieren.« Regie führte Alfred Noller, weil ich auswärtige

Verpflichtungen hatte. Aber in die letzten Proben bin ich hineingegangen und habe eine ganze Menge für sie umarrangiert, ihr andere Auftritte ermöglicht. Sie war Feuer und Flamme – das Stück wurde ein großer Erfolg. Das war in der Spielzeit 1948/49, in der wir – neben diesem «Kuckucksei» – sechs Uraufführungen und fünf deutsche Erstaufführungen spielten.

Es folgte bald darauf das nächste Stück mit ihr, das ich inszeniert habe. Sie war ein sehr regietreuer Mensch. Wenn sie etwas nicht gewollt hat, der Regisseur es aber verlangte, dann tat sie es auch. Ich habe mich immer bemüht, in Übereinstimmung mit ihr zu sein, weil ich finde, man merkt es dem Schauspieler an, wenn ihm etwas widerstrebt. Wir haben dann immer neue Varianten probiert, bis wir beide zufrieden waren.

Es ist üblich beim Theater, daß man sich nach der Probe zur Kritik zusammensetzt. Das taten wir auch, und ich habe allen gesagt, was sie anders machen sollen, auch Grethe Weiser, denn ich mache keinen Unterschied zwischen den Schauspielern. Da kam sie zu mir und sagte: «Frau Ehre, Sie haben ja in allem recht, was Sie gesagt haben, aber bitte sagen Sie mir das allein, die Kollegen haben ja überhaupt keinen Respekt mehr vor mir.» Ich richtete mich danach. Einige Proben später sagte sie im Konversationszimmer zu mir: «Warum sagen Sie mir nichts?»

«Weil ich es Ihnen allein sagen will, nicht vor den Kollegen.»

«Nein!» rief sie, knöpfte ihre Jacke auf und hielt sie wie ein Stierkämpfer, «stoß zu, Kamerad.» Das wurde ein geflügeltes Wort zwischen uns, und sie hatte sich an die Form der Kritik vor den anderen gewöhnt. Ich habe mit ihr darüber geredet, daß ich nur meine, es gebe gute und nicht so gute Schauspieler, daß ich es aber ablehne, Prominente an meinem Theater zu haben. Wir haben uns, ganz entgegen meiner sonstigen Gewohnheiten, ziemlich schnell gedutzt, und sie wurde ein echter Freund für mich. Wenn sie jemanden mochte, dann war sie bedingungslos in ihrer Zuneigung, und das war sehr schön.

Ihr 25jähriges Bühnenjubiläum beging sie als «Mutter Wolfen» im «Biberpelz». Sie hatte große Angst vor der Rolle, aber ich redete ihr zu. «Du bist jetzt soweit, daß du dich an solche Rollen heranwagen solltest. Nicht nur immer einen alten Strohhut auf dem Kopf und das Gesicht mit Seife eingeschmiert. Leg das alles ab und spiel mal das, was du bist – den einfachen Menschen, der nur Ich ist.» Ich inszenierte den «Biberpelz» mit Grethe Weiser als «Mutter Wolfen». Vorher hatte sie gefragt: «Ja kannst du denn als Wienerin den «Biberpelz» inszenieren?» Die Frage verstand ich nun gar nicht, denn ich hatte als Regisseurin schließlich nicht schlesisch zu sprechen.

Es wurde eine sehr beglückende, schöne Arbeit und ein großer Erfolg für sie. Am Tag der Premiere saß sie verheult und verzagt in ihrer Garderobe. Sie hatte so große Angst, daß sie nicht auftreten wollte. Sie war wie ein Kind, das man wiegend beruhigen mußte. Es ist schön, auch diese Seite eines Menschen zu erleben, der nach draußen und auf der Leinwand den Typ «Hoppla, jetzt komm ich» verkörperte. Diese Widersprüche machen einen Menschen spannend.

Widersprüchlich war auch Helmut Käutner. Wir hatten die tollsten Auseinandersetzungen, mochten uns aber furchtbar gern. Der Käutner war ein Schauspieler, der möglichst unter dem Tisch gespielt hat, das ist ja heute sehr modern. Man braucht einen nicht zu verstehen, man braucht nicht zu sagen, was man meint, was man will, was die Szene bedeutet – man braucht nur da zu sein. Ich bin aber der Ansicht, das Publikum muß wissen, was da oben gespielt wird, muß auch die Figur erkennen. Vor allem muß der Schauspieler so spielen, daß man merkt, er ist sich seiner Situation bewußt. Käutner spielte, es war 1965, in der deutschen Erstaufführung von «Verbotenes Land» den Sigmund Freud. Ich führte – auf seinen ganz besonderen Wunsch – Regie. Nun denke ich mir, daß ein Analytiker seinen Patienten anschauen muß, auch wenn er hinter ihm steht. Er muß doch die Reaktion sehen, und der Patient muß das Gefühl haben, er sei gemeint. Käutner aber guckte unter den Tisch, auf seine Füße. Ich sagte: «Du, der große Zeh deines rechten Fußes soll nicht analysiert werden, sondern der Patient, der vor dir sitzt!«

»Das mache ich nicht, das ist altes Theater.»

«Helmut, du hast gewollt, daß ich es inszeniere. Wenn du das nicht mehr willst – bitte, hier ist das Buch.»

«Dieses alte Theater ertrage ich nicht.»

«Bitte, dann lassen wir es.» Er stand auf und ging. Alle Kollegen waren verzweifelt. Ich war sicher, er würde am nächsten Tag wieder zur Probe erscheinen. Helmut kam auch, spielte auch die Szene, und er spielte sie genau so, wie ich es ihm gesagt hatte. Wir alle zwinkerten uns zu, und nach der Probe sagte Käutner: «Na bitte, stimmt die Szene nicht?»

«Doch, Helmut, sie stimmt haargenau. Du hast deinen Patienten angeschaut.»

«So habe ich es auch gestern gemacht.»

«Gut, du hast es auch gestern so gemacht, aber gestern stimmte die Szene nicht, heute stimmt sie.» So ging das jedes Mal mit uns, immer mit dem Vorwurf, das, was ich wollte, sei altes Theater. Er hatte als Sigmund Freud einen Riesenerfolg, weil die Leute sagten, er sei ganz anders, ganz einfach und menschlich gewesen. Es war eine wahre Freude für mich, ihn so zu erleben. Wir hatten oft Diskussionen, wenn ich ihm sagte: «Helmut, du fabulierst schon wieder. Du legst in eine Rolle zehn Menschen. Bitte, spiel nur den einen, den du spielen sollst.» Wenn er bei einem anderen Regisseur spielte, bat er mich, zuzusehen und ihm zu sagen, wann er fabuliere. Es war rührend, wie dieser große Könner mit sich umgehen ließ. Aber er hatte eben auch eine große Bescheidenheit und Unsicherheit, und er wußte, daß seine Phantasie teilweise mit ihm durchging.

Mit «Verbotenes Land» wurden wir von Reck nach Berlin eingeladen, wir sollten sechs Wochen bei ihm am «Renaissance-Theater» spielen. Käutner sträubte sich mit Händen und Füßen. «Meine letzte Inszenierung ist in Berlin so verrissen worden, da fahre ich nicht hin.» Sage ich: «Wunderbar, mach es wett mit der Rolle, die du jetzt spielst. Die Leute werden sagen ‹grandios›.»

«Nein, zwing mich nicht, ich traue mich nicht.» Dann kam der Filmregisseur Stemmle, hat sich das Stück angesehen und gesagt: «Es ist großartig, aber die schimpfen in Berlin dermaßen über über ihn, ich glaube nicht, daß er dort gastieren sollte.»

«Siehst du, auch mein Freund Stemmle rät mir ab.» Ich redete ihm zu, Reck redete ihm zu. Schließlich gab er nach, und die Berliner waren begeistert. Anschließend gingen wir noch acht Wochen auf Tournee.

Die Arbeit hatte sich gelohnt, weil ich einen Menschen von seinem Können überzeugen konnte, das er ja zweifelsfrei hatte, aber das ihm auch im Wege stand. Ich hatte in dem Stück eine winzige Rolle, Sigmund Freuds Mutter. Dadurch konnte ich ihn jeden Abend beobachten. Und es machte Spaß zu sehen, wie alles Aufgesetzte, aller Firlefanz von ihm abgefallen war. Man hat als Schauspieler manchmal das Gefühl, alles, was einem eingefallen ist, einsetzen zu müssen, und das war alles weg. Ich habe ungeheuer gekämpft mit ihm, aber er hat mir geglaubt, und das macht mich glücklich.

Viele Jahre später hatte ich die Regie von «Wer hat Angst vor Virginia Woolf» in Göttingen. Der Schauspieler, der den «George» spielen sollte, war voller Zweifel an sich selbst. Er kam zu mir und erzählte, die Kritiker hätten Wetten abgeschlossen, daß er die Rolle niemals schaffen werde. Wir einigten uns, absolut offen miteinander zu sein. Nach einigen Proben war mir klar, er würde es schaffen, wenn er sich wirklich öffnen würde. Die Inszenierung wurde ein Erfolg, besonders dieser Schauspieler wurde als herausragende Leistung gelobt. Das ist wirklich das Schönste an diesem Beruf, solche Beglückung wie die Regiearbeit konnte mir das eigene Spiel nie bringen.

Ich sagte es schon, als wir mit den «Hamburger Kammerspielen» begannen, hatten wir nichts außer Phantasie, Begeisterung und einen unendlichen Hunger nach einer menschlichen Welt. Und auch, wenn ich gar nicht alle nennen kann, die am Anfang und all die Jahre danach wichtige, ich möchte fast sagen tragende Säulen des Theaters waren, so will ich doch versuchen, einige Namen auch in dieser ‹Erzählung› unvergessen zu machen.

Einer der ersten Regisseure war, neben Käutner und Liebeneiner, Ulrich Erfurth. Er kam zu mir, abgemagert, mit einem Rucksack auf dem Buckel. Ich nannte ihn meinen ‹Knecht›. Später avancierte er zum ‹Großknecht›, schließlich zum ‹Erbhofbauern›. Erfurth hat bei uns glänzende Inszenierungen gemacht. Gleich die erste, die «Troerinnen», war hervorragend. Wir haben damit in Deutschland, der Schweiz und in Österreich gastiert. Und auch bei Gründgens in Düsseldorf.

Ich lernte Gustaf Gründgens in Berlin kennen, nach der Premiere des Films «In jenen Tagen». Es gab eine große Feier, denn Käutner hatte einen grandiosen Erfolg mit dem Film. Ich konnte die vielen Menschen um mich herum nicht ertragen, für mich war das alles damals noch zu fremd, ein Traumland. Ich setzte mich in einen kleinen, abgeschlossenen Raum und ließ alles noch einmal nachklingen in mir. Da öffnete sich die Tür und herein kamen Käutner und Gründgens: «Wir suchen dich überall, warum sitzt du hier?» «Helmut, das mußt du verstehen, für mich ist das alles noch so unwirklich, ich kann einfach nicht.» Da kam Gründgens auf mich zu und sagte: «Ich hätte Ihnen heute noch einen langen Brief geschrieben. Ich hätte nicht schlafen können, ohne Ihnen zu sagen, wie sehr mich das beeindruckt hat.» Wir saßen noch lange zusammen und sprachen über den Film.

Es wurde eine lange, sehr lustige Freundschaft mit ihm. Als wir mit den «Troerinnen» gastierten, spielte er gerade in «Die Fliegen» die Rolle des «Orest». Ich fand, er hätte eine andere Rolle in dem Stück spielen sollen, diese lag ihm nicht so, da meinte er: «Ja, weißt du, wenn ich die andere Rolle spielen würde, dann würde der ‹Orest› zu kurz kommen, deshalb spiele ich ihn selbst.» Er war liebenswert eitel. Wenn er sich nicht gut fand, verbot er mir, mir das Stück anzusehen. So war es zum Beispiel, als er den «Ödipus» spielte. Ich respektierte das. Wenn wir gemeinsam bei Sitzungen des Bühnenvereins saßen – er war Präsident, ich Vizepräsidentin, dann machte er sich immer furchtbar lustig über seine eigenen Reden, die er dort hielt. «Hast du gemerkt, wie ich in der Ecke stand und mir selbst zugehört habe? Ich weiß doch genau über meine Wirkung Bescheid.» Seine Eitelkeit war mit so viel Humor durchtränkt, daß man sie ihm nicht übelnehmen konnte. Hinzu kam eine geradezu rührend-kindliche Freude. Er hat mich mal mit seinem Rolls-Royce abgeholt, jeden einzelnen Knopf hat er betätigt und mir gezeigt, welch technische Finessen das Auto hatte.

Aber bei allen Menschen, die um ihn waren, war er sehr einsam. Er sagte einmal zu mir: «Ich lese nicht nur Theaterstücke und Romane. Weißt du, was mir den größten Spaß macht? Wenn ich im Bett liege und in den Katalogen der großen Geschäftshäuser blättern kann. Dabei mache ich meine Reisen und kaufe mir meine Sachen – und das ist ein Vergnügen für mich.» Er wußte, daß ich mal auf den Philippinen gewesen war und rief mich vorher an, ehe er nach Manila flog. Er kam nicht mehr zurück. Mit ihm ist dem Theater eine große, starke künstlerische und auch geistige Potenz verlorengegangen. Und ein liebenswerter Mensch mit viel, viel Herz. Es war für mich ein großer Gewinn, ihn gekannt zu haben.

Als er seine Berufung ans «Hamburger Schauspielhaus» bekam, hat er mir ein Telegramm geschickt. Er habe so furchtbare Angst davor, ob die berechtigt sei. Ich schrieb ihm, das sei bei Gott nicht berechtigt, er werde hier sehr gut ankommen.

Auch zwei andere Regisseure, die große Intendanten geworden sind, haben in den ersten Jahren viel bei mir inszeniert: Hans Lietzau und Günther Rennert. Es waren wirklich die Spitzen des deutschen Theaters bei mir. Eberhard Fechner, der jetzt ein gefeierter Fernsehregisseur und Drehbuchautor ist, hat bei mir als Komiker gespielt. Walter Giller fing bei uns an, er war nicht der Komiker, er war fast so etwas wie ein ‹Mädchen für alles›. Edda Seippel hat viel gespielt, sie schreibt noch heute bezaubernde Briefe. Ehmi Bessel und Werner Hinz kamen in den letzten Jahren an die «Kammerspiele». Seine letzte Bühnenrolle war 1982 in «Einmal Moskau und zurück» – wir hatten viel Freude miteinander. Er war ein so ehrlicher, so völlig uneitler Kollege, und dabei ein so großer Schauspieler.

Es gibt so viele Freunde, die mit mir ein Stück des Weges gegangen sind und heute nicht mehr leben. Einer war auch Günther Weisenborn, der als Dramaturg bei mir arbeitete. Ich mochte ihn sehr gern, denn er war ein außerordentlich lebendiger Mensch. Mit ihm haben wir sehr spannende Matineen veranstaltet, er war der Initiator, der ‹Denker›. Einmal haben wir Einakter ausgeschrieben unter dem Titel «Des Menschen Grundgesetz». Insgesamt kamen fünf Manuskripte, unter anderem von Ernst Schnabel, Rolf Italiaander, Günther Weisenborn. Es waren hervorragende Stücke. Unter den fünf Regisseuren war auch Erwin Piscator. Es war ein spannendes Thema, und ich erzähle das, weil es die Kreativität Weisenborns zeigt. Er wußte dem Theater ungeheure Farbe zu geben. Wir mochten uns und haben uns gegenseitig inspiriert. Nach zwei Jahren ging er, weil seine Autorentätigkeit zu kurz kam. Leider starb er einige Jahre später – ich bin sicher, er hätte noch viel für das Theater geschrieben, das ja in Deutschland wirklich einen Mangel an neuen, guten Stücken hat.

Ich glaube, man gibt auch den Nachwuchs-Dramatikern viel zu wenig Chancen, am Theater selbst zu arbeiten. Wir kleinen Theater haben dazu nicht die Möglichkeiten, aber die großen Häuser müßten diese Aufgabe übernehmen.

Ein sehr treuer Freund all die Jahre hindurch war und ist Axel von Ambesser. Ich habe fast all seine Stücke uraufgeführt, er hat viel bei uns gespielt. Eine Uraufführung ist mir besonders in Erinnerung, weil sie zeigt, was für Kinder Schauspieler doch sind. Es war das Stück «Witwe Ephesus». Ambesser spielte eine Hauptrolle, in der er übrigens besonders gut war. In der ersten Reihe saßen, am Abend der Premiere, viele der großen Kollegen; die Palmer, der Fröbe, der Jürgens und andere mehr. Das Stück wurde mit Halbmasken gespielt, die an einem Stiel befestigt waren. Als Ambesser auf die Bühne kam, fing der erste unten im Parkett an, im Programmheft zu blättern und zeigte dann mit dem Finger auf seinen Namen. Das Heft wurde weitergereicht von Hand zu Hand. Und jeder der Kollegen sah auf den Namen, blickte hoch und nickte bestätigend, so als wollten sie sagen: Das ist er. Sie zeigten auf ihn. Sein Auftritt war ohne Maske, aber der Ambesser mußte so lachen, daß er schnell einem anderen Schauspieler die Maske wegnahm und sich vor das Gesicht hielt. Die Kollegen unten haben sich so darüber gefreut, ihn aus dem Konzept gebracht zu haben, daß sie laut lachten. Natürlich steckten sie das Publikum damit an, und es war ein Riesengelächter unten. Erst nach einer Weile konnte weitergespielt werden. Solche Kindsköpfe sind die Schauspieler.

Wir haben auch sein Stück «Das Abgründige in Herrn Gerstenberg» uraufgeführt – ein tolles Stück, in dem das Schlechte und das Gute in einem Menschen miteinander im Kampf sind. Eduard Marks spielte mit, Erwin Geschonnek, der heute in Ost-Berlin ein großer Schauspieler ist.

Anfang der fünfziger Jahre kam Marcel Marceau zu mir, ein bis dahin in Deutschland vollkommen unbekannter Mann. Wir machten eine Matinee – es kamen ganz wenig Menschen. Beim zweiten Versuch waren es kaum mehr. Ich war von ihm und seinem ungeheuren Können überzeugt und rief die Kritiker an, sie möchten ihn sich bitte anschauen. Nach der dritten Vorstellung erschienen enthusiastische Berichte über ihn – die vierte Matinee war ausverkauft. Dann ging er bei seinen nächsten Hamburg-Gastspielen ans «Schauspielhaus». Dort waren mehr Plätze, es gab mehr Gage. Ich konnte und kann das verstehen, aber es tut doch ein wenig weh, wenn wir mit unseren bescheidenen Mitteln

Wegbereiter sind und in dem Moment, wenn der Durchbruch gelungen ist, die großen Häuser profitieren.

Ich vergesse viele, viele Kollegen in dieser Erzählung, das ist mir bewußt. Aber ich habe bewußt niemanden weggelassen. Die letzten vierzig Jahre waren so angefüllt mit Begegnungen, waren so ereignisreich, waren andererseits aber auch so schnellebig, daß sie weniger zu greifen sind als mein Leben vorher. Und wenn auch das Theater mir viel Freude und Sorgen gemacht hat – es hat mich nicht geprägt. Die Lebensweisheiten meiner Mutter haben mich bestimmt, die zwölf Jahre der Angst haben mich geformt, die Jahre der «Kammerspiele» haben mich herausgefordert. Ich habe mich immer dieser Herausforderung gestellt und tue das noch heute, jeden Tag aufs Neue. Ich hänge an diesem Theater, aber es ist nicht mein Leben. Ich fühle mich vielmehr verantwortlich dafür.

Ganz früh, in den ersten Nachkriegsjahren, lernte ich Erich Kästner kennen. Er wollte in München ein satirisches Theater eröffnen, mit mir zusammen. Ich habe abgelehnt, weil mein Theater noch zu klein war, um auf eigenen Füßen zu stehen. Ernst Schnabel wollte mich zur Fernsehintendantin machen – ich habe abgelehnt. Das «Schauspielhaus» in Hamburg, die Volksbühne Berlin, das Düsseldorfer und Essener Theater sind mir angeboten worden – ich habe abgelehnt. Meine Nibelungentreue hat mich gehindert. Ob diese Entscheidung immer richtig war, weiß ich nicht. Aber ich denke, man kann nicht dauernd etwas Neues anfangen und dafür das Alte im Stich lassen. Das ist keine gute Haltung. Ich habe einmal «ja» gesagt zu dem

Haus in der Hartungstraße, habe einen großen Teil meiner ‹Wiedergutmachung› – welch unzulängliches Wort – hineingesteckt, habe all meine Kraft dafür eingesetzt. Übrigens fällt mir dabei ein Vorwurf ein, den ich häufig höre: Ich hätte ein überaltertes Abonnentenpublikum. Natürlich sind viele davon alt, die sind deshalb alt, weil sie mir über Jahrzehnte die Treue gehalten haben. Soll man ihnen das vorwerfen? Viele Menschen waren mir damals dankbar, daß ich ihnen neue Welten eröffnete, neue Denkanstöße geben konnte. Heute bin ich ihnen dankbar, daß sie ins Theater kommen, wie alt sie auch sein mögen.

Redet nicht, sprecht miteinander

Es reifen nicht alle Blütenträume, weder privat noch im Beruf. Man kann nur versuchen, das Beste zu geben, und oftmals wird es nicht das Beste, nicht immer aus eigener Schuld. Aber was ich heute vielfach vermisse, ist wirklicher persönlicher Einsatz. Wenn ich manchmal junge Kollegen anschaue und sehe, wie saturiert sie in sich selber sind, werde ich richtig böse. Ich bin nie zufrieden mit mir, sehe mich kritisch an, sehe auch mein Theater kritisch an. Nichts ist in unserem Beruf so schlimm wie eine Sattheit, die zur Lethargie führt.

Deshalb liebe ich lebendige, kämpferische Menschen. Ich bin sofort dabei, wenn es darum geht, die Bürger aus ihrer Schläfrigkeit zu wecken, sie anzustacheln, sich zu engagieren: Redet nicht, sprecht miteinander. Seht nicht, sondern schaut! Ein einzelner vermag vielleicht wenig, aber viele einzelne vermögen eine Menge.

Wenn ich so einen Mann wie Walter Jens anschaue – mit wieviel Kraft setzt er sich ein. Er ist der typische Rattenfänger, der Menschen um sich herum schart. Seine Rede, seine Rhetorik sind einmalig. Beim Zuhören wird mir schon heiß und kalt. Und dabei ist er ein Satyr, ein gelehrter Faun. Wir sind ein paarmal miteinander spazierengegangen, durch die Wälder gewandert. Es ist ein Vergnügen, denn er ist so skurril in seinen Gedanken, sie fliegen wie der Wind, aber sie kommen immer wieder an den Ausgangspunkt zurück.

Er ist sehr treu in seiner Freundschaft, und er setzt sich ein, wirklich ein. Wenn ihn eine Sache fesselt, gerät er außer sich, ist zugleich aber ganz in sich selbst, eine herrliche Gabe. Vor ein paar Jahren hat er für mich ein Stück geschrieben: «Der Untergang», eine Bearbeitung der «Troerinnen». Er hat es meinem Theater geschenkt, wir brauchten keine Tantiemen zu zahlen.

Das Plakat zu diesem Stück habe ich auch als Geschenk bekommen – von Horst Janssen. Er erhielt zwei Jahre nach mir den Schiller-Preis der Stadt Mannheim, ich wurde zu der Feier eingeladen. So lernten wir uns kennen, und seitdem verbindet uns eine kindliche, alberne, unbeschwerte Freundschaft. All seine Bücher habe ich von ihm bekommen, in jedem ist eine andere, zumeist unernste Widmung. Er nennt mich seine ‹Kaiserin› mit Absender ‹Ihr Kurier›. Er ist ein Genie, und er schrieb mir in eines seiner Bücher: «Ein Unglück, ein Genie zu sein.« Er kann so zart, so einfühlsam, so behutsam malen und schreiben, daß es mich jedesmal anrührt. Er ist einer der großen Künstler unserer Zeit – und ein so zerrissener Mensch. Ich liebe es, wenn Menschen diese Vielfarbigkeit in sich haben, diese Widersprüche. Erst das macht Begegnungen zu Ereignissen, erst dadurch wird Spannung erzeugt. Ein ‹glatter› Künstler ist zumeist kein großer Künstler, er wird langweilig.

Das gilt auch für Menschen in anderen Berufen: Ich habe Carlo Schmid sehr gemocht, er war von einer derartigen Größe, von derartigem Weitblick, daß ich ihn sehr bewundert habe. Er hat Beaudelaire übersetzt, «Die Blumen des Bösen». Wunderschön, voll Poesie, Wärme und Verständnis. Oder Helmut Schmidt, der wieder eine ganz andere Art Mensch ist. Er ist heutig, gehört ins 20. Jahrhundert. Carlo Schmid und auch Theodor Heuß waren für mich Renaissancemenschen, sie standen auf Säulen. Helmut Schmidt ist agiler, selbstverständlicher, sich selbst treu geblieben. Er imponiert mir kolossal, weil er auch einen so unbändigen Humor hat. Das mag ich an Menschen: Widersprüche, Ecken, Kanten und Humor.

Auch hier muß ich wieder sagen, es gibt so unendlich viele, die ich nicht erwähne: All die Honoratioren einer Stadt, die im Laufe der vierzig Jahre «Hamburger Kammerspiele» meinen Weg gekreuzt haben, die auch bisweilen für einen Moment an dieser Wegkreuzung stehengeblieben sind und richtige, greifbare Menschen wurden. Aber sie alle aufzuzählen, käme mir eitel vor.

Es gab natürlich auch in meinem Leben Begegnungen mit Menschen, die ‹groß›, aber keine Prominenten waren. Die Größe liegt nicht im Amt, nicht in der Position, die jemand bekleidet. ‹Groß› war meine Mutter, ‹groß› sind die Mütter, die aufstehen, und ‹Nein› sagen, wenn es gegen den Frieden geht.

Seit Oktober bin ich Ehrenbürgerin der Freien und Hansestadt Hamburg. Ein wahrhaft imponierender Titel, der außer der Ehre noch etwas mit sich bringt: Ich bekomme ein Staatsbegräbnis. Ich freue mich über diese Auszeichnung, natürlich, aber ich denke, ich weiß auch sehr wohl, Ehrungen, Medaillen und Orden einzuschätzen. Es wird einem Menschen damit Anerkennung gezollt, es wird vielleicht das eine oder andere Verdienst damit gewürdigt, aber all die Titel und

Eine der Widmungen von Horst Janssen

Ehrenbezeugungen haben mit dem Menschen selbst so wenig zu tun.

Die vielen, vielen Namenlosen, die aufgestanden sind gegen das Unrecht, und die sich dafür haben umbringen lassen. Auch heute gibt es sie tausendfach in der Welt. Das sind die Großen, die keine Medaillen bekommen, sie aber mehr verdienen, als ich es je verdient habe. Ich bin mir dessen sehr bewußt, und deshalb will ich mir auch die Aufzählung meiner Ehrungen ersparen.

Was mich aber an der Hamburger Ehrenbürgerschaft wirklich freut, ist zum einen, daß mit mir erstmalig eine Frau diese Auszeichnung erhalten hat. Ich kann nur hoffen, daß sich darin ein Bewußtseinswandel und nicht nur ein kurzlebiger Alibi-Schritt deutlich macht. Der zweite Grund für meine Freude ist meine Liebe zu dieser Stadt Hamburg, an deren Elbestrand es mich ja vor bald 50 Jahren gespült hat. Inzwischen nämlich empfinde ich mich ganz als Hamburgerin, wenngleich ich leider nie den Dialekt lernen werde. Das finde ich schade, weil er für mich so etwas Gemütliches an sich hat. Manchmal gehe ich an den Hafen hinunter und schaue den Arbeitern dort zu – nur wegen der Sprache. Es erkennt mich der eine oder andere, und wir sprechen miteinander. Das genieße ich sehr, denn sie behandeln mich wie ihresgleichen.

Ich trage ja auch keine Pfauenfeder auf dem Kopf oder im Ohr, entspreche sicher nicht der kindlichen Vorstellung von einer Schauspielerin. Das ist für mich eben auch typisch Hamburg: Man macht kein Aufheben, man spricht miteinander. Ich ging mal die Rothenbaumchaussee entlang, vormittags, mit Einkaufstüten in der Hand. Bleibt ein Herr stehen und sagt: «So etwas, Sie gehen hier entlang wie eine ganz normale Hausfrau.» Sage ich: «Bin ich auch.» Für diese Stadt muß man sich nicht aufputzen, in diese Stadt gehört man.

Hamburg ist unbeschreiblich schön, mit einem Flair wie kaum eine andere Stadt. Ich kenne viele Städte, auch herrliche Städte, aber leben möchte ich nur in Hamburg. Wenn man die Elbe entlanggeht, der Nebel zieht langsam auf, alles wird leicht bläulich in der Luft, hier und da scheint ein Licht, es riecht nach Wasser, die Weite umfängt einen – es ist eine Großstadt und wirkt doch nicht wie eine Großstadt, das ist das Tolle an Hamburg.

Manchmal kommt man in Gäßchen hinein und kann gar nicht glauben, daß das auch zu Hamburg gehört. Kleine, bepflanzte Innenhöfe, verzauberte Welten. Nun kann man sagen, das haben alle Städte. Stimmt, alle Städte haben irgendwo ein Plätzchen, von dem man nicht glauben würde, daß es zu der Stadt gehört. Aber die Großstadt Hamburg ist mit ihren vielen Plätzchen, in die man sich verlieben kann, von denen man sagt: ‹Das ist typisch Hamburg›, für mich einzigartig. Ich glaube, die Hamburger lieben ihre Stadt, und das spürt man. Mir kommt es vor, als bemühe sich die Stadt, noch eine Zwillingsschwester zu sich selbst zu gebären. Hamburg soll so aussehen, daß man sich sagt: Du bist doch nicht allein, da gibt es doch noch eine Schwester. Wieviel Geschwister hast du eigentlich? So ist für mich Hamburg.

Ich liebe diese Stadt, ich liebe die Hamburger. Deshalb bin ich dankbar für die Auszeichnung, die sicher andere viel mehr verdient hätten als ich. Aber ich kann mit Liebe erwidern, was mir geschenkt wurde. Und wenn der liebe Gott mich läßt, möchte ich noch viele, viele Jahre die blaue Dämmerung, den Dunst, die Sonnenuntergänge hinter den wunderschönen, unzähligen Bäumen, die es hier gibt, erleben dürfen.

Stimmen zu Ida Ehre

Als wir uns zuerst trafen, kam ich als 18jährige Anfängerin ans Königsberger Schauspielhaus. Ida war gleich für mich wie eine Schwester, wenn wir auch in der ersten gemeinsamen Premiere, in Klabunds *Kreidekreis* Rivalinnen spielten. Es war die große Weihnachtspremiere, also am 24. Dezember, eine lange, anstrengende Generalprobe. Als ich danach, müde und frierend durch die Königsberger Straßen trabte, kam mir tröstend durch den Sinn: Ida erwartet mich und hat, trotz heftiger Arbeit der Vortage, eine Weihnachtsgans gebraten. So liebevoll, pfleglich und sorgend für ihre Freunde, bleibt sie für immer in meinen Gedanken. Mit viel Freude habe ich dann die Marie im *Clavigo* gespielt: Wenn sie als meine Schwester neben mir stand, hatte ich das Gefühl, es könnte mir nichts passieren, Ida war ja nah bei mir!

So blieb es immer zwischen uns. In den ersten Jahren ihrer Kammerspiele holte sie mich für eine unvergeßliche Uraufführung von Max Frisch: *Als der Krieg zu Ende war.* Eine schöne Arbeit (es gehörte viel Mut dazu, dieses Stück zu bringen), und Idas Mut habe ich immer bewundert. Und geliebt.

Immer kenne ich sie nur als die Positive.

Mit nie ermüdender Geduld und Freundschaft half sie mir bei Arbeiten, die ich glaubte, niemals erfüllen zu können.

Ruth Hellberg

Es war im Jahre 1945 – weit weg von meiner Heimat Wien, mein Mann gesund, aber, wie Millionen andere Menschen in Deutschland, unsicher, wo und wie die Arbeit weitergehen soll. Ich glückliche, junge Mutter, aber in einer für mich fremden Stadt.

Heute ist diese Stadt meine zweite Heimat. Denn ich habe das Glück gehabt, Ida Ehre kennenzulernen. Idusch, den großen Menschen, Frau Ehre, die Direktorin der Hamburger Kammerspiele. Dank ihr wurden mir auch die Kammerspiele zur Heimat, viele Jahre hindurch. Einen Menschen zu gewinnen ist ein Haupttreffer im Leben, in einem Theater zu Hause zu sein, ist für uns Schauspieler das ewig große Ziel. Nun – Ida Ehre ist für mich der Haupttreffer in meinem Leben (neben meinem Mann), und sie ist lange Wegbegleiterin zum Ziel, zu dem ich immer noch ein paar Schritte hin habe.

Freundin, Beraterin, Zuhörerin, Kritikerin, Partnerin im Lachen wie im Weinen, Kollegin auf der Bühne, Vorbild, Mutmacherin. Meine Hamburger Jahre mit Idusch und den Kammerspielen haben mich für's ganze Leben – privat und künstlerisch – geprägt.

Hilde Krahl

1946 waren wir noch verhältnismäßig junge Leute, und ganz hoch über uns war da eine unglaubliche Frau, die uns phantastische Welten offenbarte. Wir waren ja 1933 gerade vierzehn, fünfzehn Jahre alt, kannten also die gesamte englische, französische, amerikanische Literatur überhaupt nicht. Vorher haben wir sie bis auf wenige Ausnahmen nicht kennengelernt, und 1933 war generell Schluß. Und da war nun jemand, der brachte

Giraudoux, Sartre, Anouilh auf die Bühne! Wir haben Augen und Ohren aufgemacht, haben alles gierig in uns aufgesogen. Die Gespräche nachher waren ebenso wichtig, denn man war ja dankbar, wieder offen sprechen zu können. Es war so vieles neu daran, die Probleme der Stücke, die Direktheit der Aussage und vor allem die Sprache. Man war ja ausgehungert danach.

Wir saßen immer hinten rechts, hinter der Säule, fühlten uns klein und beschenkt. Ich hätte es niemals für möglich gehalten, daß mir diese Frau, die uns geistige Welten eröffnete, jemals so nahe sein könnte. Noch heute empfinde ich die Begegnungen mit ihr, die Gespräche, als Geschenk Gottes. Das mag manchem übertrieben klingen, aber es ist tatsächlich so – Ida Ehre war für uns eine Symbolfigur für den Aufbruch in eine neue Zeit. Die Hamburger Kammerspiele waren für uns Ida Ehre, auch wenn sie nicht mitspielte, und das hat sich bis heute nicht geändert.

Loki Schmidt

Ich mag sie, ich verdanke ihr sehr viel. Sie ist für mich die sanfteste Diktatorin, die sich denken läßt. Man kann ihr nicht widerstehen. Und wenn sie flüstert, dann gibt sie Befehle, und wenn sie bittet, dann sind es Imperative.

Das Ida Ehre Eigene sehe ich in der spirituellen Zähigkeit, in dem geisterfüllten Pragmatismus. Sie lebt auf der Erde, und zu gleicher Zeit träumt sie ein bißchen unter den Sternen. Aber sie verliert den Augenblick, die Sekunde, das Hier und Jetzt, das Bescheidene und Fordernde niemals aus dem Blick. Das ist die witzig-komödiantische Seite ihrer Natur, die dafür sorgt, daß sie nicht unter den Himmeln ins Schwärmen verfällt.

Walter Jens

Mit unbedingter Leidenschaft und unerschöpflichem Talent gehört Ihr Leben seit 70 Jahren dem Theater. Diese Leidenschaft war auch nach schwersten Erfahrungen beim Ende des letzten Krieges ungebrochen. Die *Hamburger Kammerspiele,* die ohne Sie gar nicht denkbar sind, haben nicht nur Theatergeschichte gemacht, indem Sie zeitgenössische englischsprachige und französische Autoren zum ersten Mal einem deutschen Publikum nahebrachten, sondern auch, indem die Auswahl der Stücke bewußt versuchte, hinter den Schrecken der Vergangenheit Inhalte für eine neue Zukunft zu gewinnen.

Richard von Weizsäcker

Es ist schön, daß es Sie gibt.

Maximilian Schell

Schon lange Ehrenbürgerin in meinem Herzen.

Tankred Dorst

Ich finde es großartig, daß Sie sozusagen stellvertretend für so viele Theaterleute und auch für so viele, die Deutschland verlassen mußten, die Wichtigkeit und Zähigkeit und den Glauben an ein Theater, das sich mit Menschen, nicht mit Ideologien beschäftigt, vertreten haben.

Peter Zadek

Als Autor bin ich Dir zu sehr, sehr vielem Dank verpflichtet – eine Verpflichtung, die mir nie zur Bürde, sondern immer nur zur Freude gereichte.

Axel von Ambesser